Wenn die Sonne den Horizont berührt

Wenn die Sonne den Horizont berührt,
wenn ihr Licht hinab in das Dunkel der Meere taucht,
wenn der Schatten der Nacht die Welt verhüllt,
wenn mein Blick sich nach innen richtet,
dann geht meine Seele auf Reisen,
meine Gedanken weit fort –
und sie bleiben doch nur bei mir.

Was ich auch sehe,
ich sehe es in mir.
Was ich auch fühle,
es lebt in mir.
Wohin ich auch gehe,
ich bleibe immer bei mir.

Meine Seele liegt vor Euch wie ein offenes Buch,
jedes Wort ein Spiegel,
jede Zeile ein Bild,
ein Weg zu mir,
ein Labyrinth,
scheinbar einfach,
und doch verworren.
Doch wer diesen Weg geht,
der wird mich finden,
irgendwo,
im Labyrinth,
irgendwann,
wenn die Sonne den Horizont berührt.

(199

Lesley B. Strong

#Borderline

DIS/CONNECTED

LIEBEN ODER LEIDEN?

Eine Lebensgeschichte

Autorin: Lesley B. Strong
Cover: Dream Design - Cover and Art www.cover-and-art.de

Verlag: myMorawa von Morawa Lesezirkel
ISBN: 978-3-99084-704-6 (Hardcover)
ISBN: 978-3-99084-703-9 (Paperback)
ISBN: 978-3-99084-705-3 (e-Book)
Printed in Austria

Im vorliegenden Buch schildert die Autorin ihre persönlichen Erfahrungen und Ansichten in Bezug auf ihr Borderline-Syndrom. Diese stellen ausdrücklich keine Handlungsempfehlung dar. Die Autorin empfiehlt sowohl Betroffenen als auch Angehörigen, professionelle Unterstützung in Anspruch zu nehmen.

Inhaltsverzeichnis

Vorwort von Franziska Neidt, Autorin

Borderline-Persönlichkeitsstörung - eine Erkrankung, die all zu oft als negativ betrachtet wird. Betroffene werden als aggressiv betitelt, und die Selbstverletzung steht bei vielen Menschen immer noch im Vordergrund, wenn es um Borderline geht. Dabei ist die Erkrankung viel mehr als nur Selbstverletzung oder aggressives Verhalten. Es betrifft die komplette Gefühlswelt des erkrankten Menschen. Ebenso heißt es, die Borderline- Störung sei unheilbar. Aber was heißt schon unheilbar? Die Autorin Lesley B. Strong spricht in ihrem Buch von ihrem Dämon, den sie lieben gelernt hat. Ja, sie haben richtig gelesen! Sie liebt ihren Dämon mittlerweile.

Ich selbst bin Betroffene der Erkrankung. Die Diagnose wurde im Jahre 2006 gestellt, als ich 33 Jahre alt war. Doch ich weiß, dass die Störung bereits seit meiner Teenagerzeit in mir schlummerte und erst viele Jahre später zum Ausbruch kam. Ich habe zwar keinen Namen für meine Erkrankung, aber dennoch kann ich viel darüber erzählen und berichten. Meine Welt brach 2006 komplett auseinander. Schwarz-Weiß-Denken, Hoffnungslosigkeit, schwere Selbstverletzungen, Suizidgedanken, Achterbahnfahrten meiner Gefühle, Wut und Verzweiflung prägten mein Leben zu dieser Zeit. So oft hatte ich daran gedacht, einfach aufzugeben, da ich keinen Sinn mehr in meinem Leben sah. Ich hasste mich als Person und ich hasste mein Borderline. Abgestempelt in den Augen vieler Menschen, versuchte ich jedoch zu beweisen, dass es einen Ausweg gab aus diesem Teufelskreis. Ich suchte mir Hilfe, begann eine intensive Therapie, war viele Male in der Psychiatrie und in Kliniken, und stellte im Laufe der Zeit fest, dass es der Anfang von etwas Gutem war. Natürlich dauerte es viele Jahre, bis ich diese Erkenntnis wahrnahm, aber sie kam zu mir. Auch ich habe diesen Dämon in mir lieben gelernt. Was heißt das heute für mich?

Die Geister meiner Vergangenheit nennen sich sexueller Missbrauch, schwere Misshandlungen und emotionaler Missbrauch ... Taten, die man eigentlich niemals vergessen und vergeben kann. Das ist nur zum Teil richtig. Ich habe es geschafft. Ich habe zwar nicht vergessen, aber ich habe vergeben. Ich habe meinen Tätern vergeben. Es brauchte 14 Jahre lang intensive Therapie, um an diesen Punkt zu kommen. 14 Jahre harte Arbeit an mir selbst, das auch ich heute, genau wie Lesley, sagen kann, ich liebe meinen Dämon, denn er gehört zu mir. Er ist ein wichtiger Teil von mir geworden, den ich gelernt habe zu akzeptieren.

Für viele Menschen ist meine heutige Einstellung zu meiner Vergangenheit und zu meiner Erkrankung nicht nachvollziehbar. Doch heute sage ich offen und ehrlich: Ich bin dankbar für alles, was in meinem Leben passiert ist, egal, ob es der Missbrauch oder die Misshandlungen waren. NEIN, ich heiße es nicht gut, also bitte nicht falsch verstehen, aber ich bin dankbar, denn all meine Erfahrungen haben den Menschen aus mir gemacht, der ich heute bin. Und zwar ein ruhiger, empathischer, authentischer und liebenswerter Mensch, der sein Herz am richtigen Platz hat.

Was würde ich für ein Leben führen, wenn ich eine unbeschwerte Kindheit gehabt hätte? Wenn mich Menschen nicht verletzt hätten? Die Frage kann ich nicht beantworten, aber sicher wäre ich ein anderer Mensch geworden. Ich bin dankbar für die vielen Psychiatrieaufenthalte, denn sie haben mir einen Weg gezeigt, mich selbst wieder zu finden, und vor allem den inneren Frieden zu finden, den ich heute so unendlich spüren kann.

Ich bin mir auch bewusst, dass ich das alles nur geschafft habe, weil ich den Willen, die Kraft und die Stärke hatte, und niemals aufgab. Viele Menschen haben mir ihre Hände gereicht, die ich dankbar genommen habe, denn diese Menschen zeigten mir, dass ich nicht allein bin. Ich habe in dieser Zeit Freunde gefunden und Freunde verloren, doch dies musste wohl so sein. Früher hatte ich nicht an den Spruch geglaubt, doch heute weiß ich: Alles hat einen Sinn, egal, wie gut oder schlecht es ist. So hatten auch meine Vergangenheit, meine Erkrankung und mein gesamter Weg einen Sinn für mich.

Früher hatte ich Träume, die ich geträumt habe, und heute verwirkliche ich meine Träume, weil ich weiß, ich kann es. Ich bin die Heldin meiner Vergangenheit! Denn ich habe sie überlebt.

Vor ca. drei Jahren habe ich folgende Zeilen geschrieben, die ich gerne mit euch teilen möchte:

Borderline - ein Brief

Borderline - viele Jahre hast du mein Leben
ausgebremst,
du machtest ein Monster aus mir,
und hast mir diese innere Leere gegeben,
hast meine Persönlichkeit verändert
und meine Gedanken manipuliert.
Meine Wahrnehmung hast du intensiviert,
dass ich kaum reagieren konnte,
überwältigt von den schmerzenden Gefühlen
lag ich so oft am Boden
und spürte nichts mehr.

Borderline - du hast mich geschwächt,
die Stimmung hoch und wieder tief
konnte ich kaum noch ertragen das Leid.
Du machtest mich wütend und aggressiv,
aber auch sensibel und leicht verwundbar.
Borderline - deine Gefühle waren so intensiv,
dass ich sie nur durch Schnitte ertrug.
Die Narben sprechen heute eine deutliche Sprache.
Sie begleiten mich im Alltag.

Aber:
Borderline - du hast mich nicht gebrochen.
Du gabst mir tiefe Einblicke in dein Da-sein
und schenktest mir Erfahrungen,

die mein Leben verändert haben.
Obwohl ich weiß, du wirst mein Leben immer begleiten,
bin ich heute glücklich.
Du zeigtest mir, was Leid bedeutet,
und schenktest mir eine ausgeprägte Wahrnehmung,
die ich heute positiv nutzen kann.
Empathisch zeige ich mich
und gehe heute mit Stolz durchs Leben.
Borderline - ich nehme dich an,
akzeptiere dich und lebe mit dir.
Du machtest aus mir den Menschen,
der ich heute bin.
Viele Gespräche und Therapie,
viele Tränen und heilende Momente,
und vor allem das Bewusstsein
meines eigenen Verhaltens
gaben mir den Mut,
niemals aufzugeben.

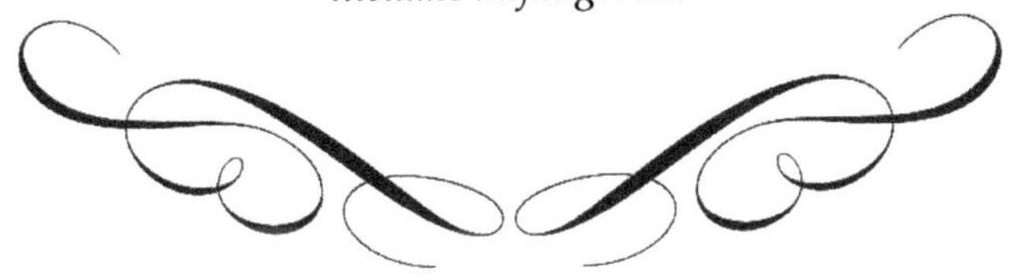

Heute habe ich es mir zur Aufgabe gemacht, den Menschen Mut zu machen, die nicht an sich glauben, ihnen zu zeigen, dass es möglich ist, den eigenen Dämon zu besiegen bzw. zu akzeptieren und in sein eigenes Leben zu integrieren.

Franziska Neidt
Autorin

Vorwort von Lesley B. Strong, Autorin

Im Zuge meines Coming Out als Borderlinerin Ende 2018/Anfang 2019 suchte ich via Facebook Blogger/innen, die sich dem Thema widmen – und lernte Franziska Neidt virtuell kennen. Persönlich haben wir uns bis dato noch nie getroffen, denn wir leben auf unterschiedlichen Kontinenten, und da trifft man sich nicht mal eben auf einen Kaffee. Dennoch hat sich in kurzer Zeit eine Freundschaft unter Gleichgesinnten und Schicksalsgefährtinnen entwickelt, die uns beide hoffentlich noch lange verbinden wird.

Als ich Franziska bat, ein Vorwort für meine Autobiographie zu schreibe, ahnte ich, dass sie die richtigen Worte finden würden – und sie tat es. Kraftvolle Worte, die Mut zusprechen. Was heißt schon unheilbar? Im Film „Lawrence von Arabien" sagt einer der Akteure: es steht geschrieben, dass niemand diese Wüste lebend durchqueren kann. Nun, Lawrence tat es dennoch, und dann wurde dies wie folgt kommentiert: Wahrlich, für manche Menschen steht nichts geschrieben.

Was heißt unheilbar? Steht dies geschrieben? Falls ja, haben Franziska und ich unabhängig voneinander entscheiden, es für uns nicht (länger) gelten zu lassen, sondern das Drehbuch für unsere Leben selbst zu schreiben.

Liebe Franziska,

herzlichen Dank
für Deine berührenden Worte
und Deine Freundschaft.

In Verbundenheit und Liebe
Lesley

1. EINLEITUNG

Warum?

Manche Menschen mögen anderer Meinung sein, manche mögen eine Aufforderung zur Rechtfertigung darin verstehen, aber ich mag Warum-Fragen. Durch sie eröffnen sich neue Horizonte des Verstehens, gewähren Menschen einen Einblick in ihr individuelles Universum, ihre ureigene Realität. Beginnen wir diese Geschichte über mein Leben auf der emotionalen Achterbahnfahrt eines jahrzehntelang von mir unerkannten (oder verleugneten) und deshalb ungelösten Borderline-Syndroms – meine Geschichte – also mit Warum-Fragen.

Eines gleich vorweg: ich wurde nicht als Lesley B. Strong geboren.

... und noch etwas: auch wenn das Thema „Borderline" mit Sicherheit nicht zur leichten Unterhaltungslektüre zählt, ich habe nicht vor, mit Ihnen gemeinsam im Schmerz oder Leid zu versinken. Wenn Sie mir auf diesen Seiten folgen wollen, dann führe ich Sie in eine Welt, die vielfältig sein kann, deren Bandbreite von abgrundtiefer Dunkelheit und unsäglicher Pein bis hin zu flammender Lebensfreude und unbändigem Lebenswillen variieren kann, die Zusammengehalten wird von der Überzeugung, dass hinter allem ein (meist verborgener und damit unerkannter) Sinn steckt, oder zumindest eine Lernaufgabe, die uns auf unserem Lebensweg weiterbringt. Ich werde Ihnen zeigen, wie ich lernte, einen Dämon mit einer Umarmung zu zähmen, wie ich einen Fluch in ein magisches Potential verwandelte, eine lebensbejahende Kraft, aus der (m)ein neues Universum entsprang.

Oder anders gesagt: Ich werde Ihnen ein modernes Märchen erzählen – mit jenen Worten, in denen ich denke und fühle. Stellen Sie sich also vor, wir würden gemeinsam bei einem Tässchen Kaffee oder Tee in Ihrem Wohnzimmer sitzen, und Sie folgen mir in meine Welten, in jene, die im hier und jetzt verankert ist, und in jene andere, die für Sie nur sichtbar wird, wenn ich die Tür für Sie öffne und Sie dorthin mitnehme: Meine innere Welt als Borderlinerin.

Warum ein neuer Name?

Als ich zu schreiben begann, war ich dabei in ein neues Leben aufzubrechen, eine neue Landkarte für mich zu entwerfen. Mein „alter" Geburtsname ist auf ewig verbunden mit meinem „alten" Leben, mit vielen Erinnerungen, die ich hier zu Beginn noch nicht bewerten möchte, aber so viel sei verraten: Diese Erinnerungen hätten jeden Neuaufbruch erheblich erschwert. Also entschloss ich mich dazu, mir einen neuen Namen zuzulegen, der mich künftig auf meinem neuen Weg begleiten und unterstützen sollte.

Warum Lesley B. Strong?

Für den Namen „Lesley" hatte ich schon seit Kindheit an ein Faible – warum auch immer, ich kannte bis zu diesem Zeitpunkt niemanden mit diesem Namen. Aber damit war die erste Hälfte gefunden. Und der Rest? Wer „JAN/A – eine [nicht] ganz alltägliche Liebesgeschichte“ gelesen hat, wird sich erinnern, dass Jana häufig herausfordernden Situationen mit dem Mantra „sei stark, da musst du durch“ entgegen trat ... also, dieses Buch, dass Sie in Händen halten, zu schreiben erforderte einiges an Mut, an Überwindung, an Offenheit – auch mir selbst gegenüber. Ein stärkendes Mantra war da mehr als angebracht: sei stark, Lesley, da musst du durch ... Lesley B. Strong ☺. Damit war mein Name für mein neues Leben gefunden.

Warum überhaupt ein neues Leben?

Wissen Sie, wie es sich anfühlt, den ganzen Tag mit Schuhen herumzulaufen, die eine Nummer zu klein sind? Genauso fühlte sich mein altes Leben an. Ich war agil, konnte mich bewegen, vieles tun, Ziele erreichen – aber am Abend schmerzten die Füße. Und nicht nur die und nicht nur am Abend. Genaugenommen schmerzte mein ganzer Körper, und das von früh an bis spät abends. Diffuse Schmerzen ohne organische Ursache, denn das hatte ich natürlich schulmedizinisch abgeklärt. Psychosomatisch? Wie würden Sie es nennen, in Schuhe (oder ein Leben) gezwängt zu sein, die nicht passen? Sind Schmerzen nicht die logische Konsequenz daraus?

Mein neues Leben ist eine Nummer größer und passt viel besser zu mir. An manchen Tagen allerdings fühlt sich diese neue Freiheit fast unheimlich an, und ein Teil von mir sehnt sich nach den vertrauten, alten, zu kleinen Schuhen zurück. Doch dann sage ich zu mir selbst: sei stark, Lesley, und vertrau dir selbst. Das ist dein Weg und den gehst du jetzt – einfach so.

Warum dieses Buch?

Warum ein Buch über (m)ein Borderline-Syndrom schreiben? Aus therapeutischen Gründen? Ja, auch. Einmal all das sagen, was viel zu lange verschwiegen worden war – ein strukturierter, befreiender Prozess, der sich kaum in Worte fassen lässt, der erlebt und durchlebt werden muss oder sollte ... darf? Die kleinen Worte entscheiden so viel mehr über unser Leben und Erleben als die großen, deshalb achten Sie auf die feinen Untertöne, die Botschaften zwischen den Zeilen, die Dynamik der Worte untereinander. Ich spiele gerne mit Worten.

Um der Welt und anderen zu zeigen, was trotz Borderline-Syndrom möglich ist? Bedingt, schließlich bin ich keine Fachexpertin – oder vielleicht doch? Ich studiere die Thematik seit langem aus nächster Nähe, wenn gleich auch nicht ganz neutral. Aber wer ist das schon?

Um anderen einen Ausweg aus dem Problem aufzuzeigen? Gerne, wenn das nur so einfach und mit einem Buch zu erreichen wäre. Manchmal neigen Menschen (einschließlich meiner eigenen Person) unbewusst zu einer Art von konsequenter Lernresistenz, weil es schlichtweg an Vorstellungsvermögen und Vertrauen fehlt, was möglich wäre, wenn ... ja, wenn alles anders wäre als es ist. Doch wie ist es wirklich? Selten ist etwas so, wie es scheint, kaum etwas täuscht uns so sehr wie unsere eigenen Filter in der Wahrnehmung, unsere Bewertungen der Realität. Und wenn nun alles ganz anders ist, als die anderen behaupten und wir glauben zu wissen? Hin und wieder genügt es, einen anderen Standpunkt einzunehmen, aus einem neuen Blickwinkel auf altbekanntes zu blicken, um festzustellen, was es noch sein kann. Doch dazu später mehr und vorerst zurück zu meiner Motivation, dieses Buch zu schreiben.

Blenden wir zunächst für einen Augenblick mal all die noblen Ziele und Motive aus, denn meine Absicht war es nicht, die Welt mit einem Selbsthilferatgeber für Betroffene zu retten. Nein, keine Spur von Altruismus, eher eine gesunde Portion Egoismus. Für mich wurde es schlichtweg unerträglich, noch länger zu lügen.

45 Jahre lang hatte ich der Welt und mir selbst vorgespielt, jemand zu sein, der ich nicht war, um in der Gesellschaft anerkannt zu werden, dazuzugehören usw. Ich hatte mich hinter Masken und Fassaden versteckt, mich selbst und andere getäuscht, um nicht zu sagen: mich selbst verraten. Denn tief in mir kannte ich die Wahrheit, und jeder Blick in den Spiegel bestätigte mir die Lüge. Irgendwann begann ich Spiegel zu hassen, ebenso wie Fotos von mir selbst. Sie sprachen eine Wahrheit, die ich nicht akzeptieren wollte und konnte. Die Konsequenzen dieser Selbstverleugnung für mein Leben, mein Umfeld und mich selbst schildere ich in diesem Buch.

Am 6. Dezember 2018 postete ich via Facebook folgenden Beitrag:

#Borderline-Syndrom
#JAN/A - die wirklich wahre Geschichte

In den letzten Wochen habe ich viel darüber nachgedacht, wie weit ich die wirklich wahre Geschichte von JAN/A erzählen möchte. Einige Ereignisse und Diskussionen in den Medien haben mich dazu bewogen, nun den nächsten Schritt zu gehen.

Die wirklich wahre Geschichte von JAN/A ist die Geschichte eines Borderline-Syndroms. Es ist MEINE Geschichte, denn ich bin eine Borderlinerin.

Jahrzehnte meines Lebens habe ich damit verbracht, dies mehr oder weniger erfolgreich zu verbergen, mich anzupassen, zu funktionieren, die Menschen rund um mich zu täuschen und dabei immer wieder zu scheitern, zu zerstören, was ich aufgebaut hatte. Mich selbst und andere zu verletzen. Von einem Absturz in den nächsten Zusammenbruch. Ein Leben in Dunkelheit ... wie ich es in JAN/A nenne.

Gefühle, die so intensiv waren, dass ich sie fast nicht aushalten konnte, und sie deshalb unterdrückte, bis ich schließlich nichts mehr fühlte. Ein Leben stets an der Grenze der Belastbarkeit, die oftmals für mich nicht mehr zu erkennen war und von mir mehr als einmal überschritten wurde mit den entsprechenden Konsequenzen ... burned out.

Jahrelang der tägliche Kampf, aus dem Bett hinaus in ein Leben zu gehen, dass sich nicht wie das eigene anfühlte und jeder Blick in den Spiegel offenbarte auf schmerzhafte Weise diese Lüge. Wie oft wollte ich den Spiegel zerschlagen und das, was ich darin erblickte. Bis hin zu den Momenten, da der nächste Atemzug unmöglich erschien, weil weder Tod noch Leben eine Erlösung versprachen. Ein Leben, stets einen Schritt vom Abgrund entfernt, ohne Sicherheit, ohne Geborgenheit. Allein zu sein mit Gedanken und Gefühlen, die niemand verstehen konnte oder wollte. Und immer auf der Suche nach Liebe, Anerkennung, Geborgenheit, Halt im Leben ...

Soviel Weisheit begegnete mir auf meiner Suche, doch sie galt nicht für mich. Wer kennt sie nicht, die schlauen Sprüche: „Was du dir nicht selbst geben kannst, kannst du auch keinem anderen geben (Liebe, Anerkennung ...)“, oder „Das Außen ist immer ein Spiegel des Innen“. Ja, diese Weisheiten stimmen, aber wie hätte ich sie akzeptieren können, quasi die Verantwortung dafür zu übernehmen, die Verursacherin meiner eigenen Katastrophe namens Leben zu sein, ohne noch weiter in die Selbstverachtung abzurutschen? Wenn ich selbst all das Leid, den Schmerz und das Chaos in meinem Leben hervorrief, was war ich dann? Oder was war in mir? Ein Dämon der Zerstörung? Damals nannte ich ihn noch „Destruktivus“ und ich hätte ihn mir aus dem Leib gerissen, wäre es nur möglich gewesen.

Doch in mir war auch etwas anderes. Eine, die nicht zerstören, sondern leben wollte und die nicht aufgab, einen Weg zu suchen und finden - in dieses Leben, zu mir. Mein Dämon? Im Oktober 2017 begann ich aus einer Intuition heraus zu schreiben. Eine Geschichte über eine Frau, die sich in jenen Mann verliebt, den niemand zu lieben vermochte – einen Dämon. Erst im Nachhinein erkannte ich die Metapher darin, die sich auf mich selbst und mein Borderline-Syndrom, meinen „Destruktivus“, bezog.

Zu Beginn dachte ich noch, nur eine romantische, sinnlich-erotische Liebesgeschichte zu schreiben. Aber dann erkannte ich, dass diese Geschichte mich selbst und meinen Blick auf mich veränderte. Was die Charaktere durchlebten – und sie sind allesamt meine Spiegelbilder aus verschiedenen Lebensphasen – löste alte Blockaden in mir auf. Ich begann wieder zu fühlen! Ich werde nie den Augenblick vergessen, als ich im Frühjahr 2018 zum ersten Mal seit unendlich langer Zeit das Gefühl hatte, ich selbst und in meinem Leben angekommen zu sein! ... vielleicht zum ersten Mal überhaupt.

Das Schreiben, die Geschichte von JAN/A, heilte alte Wunden, fügte in mir zusammen, was über lange Zeit hinweg zerrissen war, schuf das ersehnte Vertrauen ins Leben und mich selbst, hüllte mich in Geborgenheit – und ich verliebte mich in jenen, den zuvor niemand, nicht mal ich selbst, zu lieben wagte: meinen Dämon – mich selbst. Die Eine, deren Licht die Dunkelheit zu erhellen vermochte, die den Dämon von seinem Fluch erlösen konnte, das war ich selbst! Ich war Jana und Jan! Ich bin JAN/A.

Ich schrieb weiter und schreibe immer noch, denn die Geschichte lebt in mir mit jedem Atemzug, jedem Herzschlag. Jede Runde auf der Achterbahn des Lebens vertieft das Verständnis – auf dem Papier ebenso wie im realen Leben. „JAN/A – eine [nicht] ganz alltägliche Liebesgeschichte" beginnt an der Oberfläche des Offensichtlichen und führt im Laufe der Geschichte immer tiefer in die Gedanken- und Gefühlswelt der Einen und des Dämons.

JAN/A ist eine [nicht] ganz alltägliche Liebesgeschichte, romantisch, sinnlich, erotisch – aber mit Sicherheit keine seichte Unterhaltungslektüre – vielmehr tiefgründig, voller Symbole und Metaphern, eine emotionale Achterbahnfahrt, Leben pur.

JAN/A ist ein Seelen(s)trip, die Autobiographie einer Borderlinerin, die ihren Frieden mit der Dunkelheit geschlossen hat und ihr Leben im Licht der Einen und in der Umarmung ihres Dämons rockt.

JAN/A ist die Geschichte von Lesley, so nenne ich meinen Dämon heute liebevoll, und meine eigene.

Wer ich bin? Nun, wenn ich nicht gerade schreibe und Lesley dabei am Steuer sitzt, habe ich einen anspruchsvollen Vollzeitjob in einer Führungsposition mit allem, was dazu gehört (phasenweise Stress pur!) und lebe in einer Beziehung, die in über 20 Jahren mehrmals an der Kippe stand und die an den von mir verursachten Krisen nicht zerbrochen, sondern gewachsen ist und heute einen Grad an Nähe und Offenheit erreicht hat, denn ich vor vielen Jahren niemals für möglich gehalten hätte, aber ich habe mich damals geirrt (zum Glück).

Keine Sorge, das ist keine Hollywood- oder Bollywood-Schnulze. Nicht alles läuft optimal in meinem Leben. Es gibt auch Tage, in denen die Dunkelheit sich über den Horizont erhebt, doch dann lasse ich mich einfach mal wieder in JAN/A fallen, fühle das Licht durch meinen Körper strömen, flirte mit dem Dämon und surfe nach einiger Zeit wieder auf dem inneren Ozean der Gelassenheit, fühle das Leben durch meine Adern pulsieren und manchmal auch das Feuer der Leidenschaft zu leben und lieben mit allen Sinnen. It's magic, it's JAN/A … das ist es, was diese Geschichte für mich ist, und warum ich (oder mein Dämon) sie geschrieben habe/hat.

Veröffentlicht habe ich JAN/A in dem Wunsch und der Hoffnung, für andere Menschen, die ebenfalls die Dunkelheit kennen, eine Quelle der Inspiration zu sein, wie ein Zündfunke, der vielleicht dazu führt, dass auch andere ihre Geschichte neu und vor allem selbst schreiben.

[lasst euch keinen Stempel aufdrücken, wer oder was ihr seid. Findet es heraus. Entscheidet selbst!]

Ich glaube, es wartet noch der ein oder andere Dämon auf die Eine, die ihn zu umarmen und zu lieben vermag.

Und dann gibt es ja auch noch jene Menschen, die mit einem Borderliner/in so gar nichts anzufangen wissen. Nun, vielleicht kann JAN/A ihnen eine neue Idee vermitteln, was es noch sein kann, abseits von klassischen Zuschreibungen und Vorurteilen.

Jeder Mensch ist ein Individuum, und so wie keiner einem anderen gleicht, ist auch jedes Borderline-Syndrom einzigartig. Ich behaupte nicht, die Lösung für jedes davon zu haben. Ganz und gar nicht. Ich bin vollauf damit zufrieden, für mein eigenes einen Weg der Leichtigkeit und Lebensfreude gefunden zu haben. Doch ich erzähle gerne davon, wie es ist, einem Dämon ins Auge zu blicken und sich in ihn zu verlieben.

Dies war mein Schritt vor den Spiegel, aus der Dunkelheit der Verleugnung hinein ins Licht der Wahrheit. Ich war bereit für mein eigenes Leben, meinen neuen Weg.

Den zweiten, wesentlichen Beweggrund für dieses Werk lieferten jene Menschen, die auf mich zu kamen, Fragen stellten, zu verstehen versuchten. Ihr Interesse bestärkte mich darin, über etwas zu sprechen und zu schreiben, dass meiner Wahrnehmung nach noch sehr spärlich in der Öffentlichkeit Platz findet: das Borderline-Syndrom oder auch BPS genannt – und dass, obwohl einschlägigen Seiten im Netz zufolge bis zu 3 % der Bevölkerung davon betroffen sein sollen.

Für Österreich mit seinen rund 8,8 Millionen Einwohner/innen würde das in etwa 264.000 Betroffene bedeuten. Deutschland hat circa 83 Millionen Einwohner/innen und damit statistisch gesehen rund 2,5 Millionen potentielle Borderliner/innen. Das sind für mich unfassbare Zahlen angesichts dessen, was die Allgemeinheit über das Borderline-Syndrom zu wissen scheint. Nach meiner Erfahrung nach: so gut wie nichts, und wenn, dann Vorurteile und Klischees wie die Selbstverletzung mit Klingen oder auch Suchtthematiken. Aber das ist so, als würde man durch ein Schlüsselloch in eine Besenkammer blicken und daraus Rückschlüsse auf das ganze Haus ziehen.

Die klaffende fachliche Wissenslücke zur Borderline-Thematik mögen die Expert/innen schließen. Dafür gibt es sie, dafür studieren und forschen sie. Mein Anliegen ist es, Ihnen, liebe Leserin, lieber Leser, einen Einblick in (m)eine Gedanken- und Gefühlswelt als Borderlinerin zu ermöglichen, sie quasi durch ein erweitertes Schlüsselloch auf meine Welt blicken zu lassen. Wie Sie später noch lesen werden, sind die Welten von Borderliner/innen sehr vielfältig und unterschiedlich, dennoch hoffe ich, Ihnen etwas vermitteln zu können: eine neue Idee vielleicht? Einen anderen Zugang zum Thema? Einen veränderten Blickwinkel? Möglicherweise sogar Motivation und Inspiration, ebenfalls einen neuen Weg zu beschreiten.

[Doch eine Form von Altruismus? Wie schon erwähnt, selten ist etwas so, wie es auf den ersten Blick scheint. Lesley ist da keine Ausnahme.]

[... ach ja, Passagen in kursiv und in eckigen Klammern spiegeln den inneren Dialog wieder, den ich mit mir selbst führe, und ich bin mir durchaus bewusst, dass ich nur EINE Person (Singular) bin, aber manches lässt sich mit augenzwinkerndem Humor und einer gesunden Portion (Selbst-)Ironie einfach leichter kommunizieren und akzeptieren – vor allem, wenn man in seinem Leben schon so einiges angerichtet hat. Und wer lernen will, sich selbst bedingungslos zu lieben, sollte wohl zuerst lernen, über sich selbst herzlich zu lachen ... erster Tipp von vielen, die noch folgen werden ... wer das Leben und sich selbst zu ernst nimmt, verliert den Spaß daran – an beiden.]

Zurück zur Motivation: Autobiographien waren für mich stets Quellen der Bestärkung; wenn es anderen gelungen war, Schicksalsschläge und Krisen zu meistern (und mal ehrlich, wer ist davon nicht im Laufe seines

Lebens betroffen?), dann würde es auch mir gelingen, so meine Hoffnung, denn von beiden hatte mein Leben bislang einiges zu bieten, aber davon später mehr.

Eines gleich vorweg: Da Lügen in Bezug auf mein Borderline-Syndrom für mich nicht mehr in Frage kommen, werde ich ziemlich – nein, schonungslos – offen und ehrlich sein, aber ich will weder Mitleid noch Bedauern dafür ernten. Ganz im Gegenteil! Ich lebe, liebe, lache, fühle mich selbst UND ich bin Borderlinerin. Es ist mir gelungen, die Abgründe zwischen den Widersprüchen zu schließen, die Balance auf dem manchmal schmalen Grat der Emotionen zu halten, rechtzeitig auf die Bremse zu steigen bevor ich zulange am Limit kurve und nur mehr die Endstation Überlastung als letzte Option bleibt. Ich habe für mich jederzeit erreichbare Rückzugsorte erschaffen und lasse mich bei Bedarf auf meinem inneren Ozean der Gelassenheit treiben.

Wenn Sie aus diesem Buch nur einen Gedanken mitnehmen, dann bitte diesen: Wer hat das Drehbuch für Ihr Leben geschrieben? Die ersten Jahre (oder Jahrzehnte?) Ihres Lebens waren es andere Menschen, die glaubten zu wissen, wie Ihr Leben verlaufen sollte (zumindest phasenweise), die glaubten zu wissen, wer Sie sind, was völlig unmöglich ist, denn die meisten Menschen kennen nicht einmal sich selbst vollständig, wie sollen sie einen anderen kennen? Ohne all dies als positiv oder negativ zu bewerten, so läuft es nun einmal ab. Die ersten Staffeln Ihres Lebens sind fremdgeprägt. Irgendwann wurde ein Teil dieses Drehbuchs von Ihnen übernommen und fortgeführt, bei manchen mag es mehr, bei anderen weniger gewesen sein. Manche haben vielleicht mehr hinterfragt und/oder verändert, andere kaum etwas von beiden. Wie auch immer, dieses Drehbuch hat Sie an den Punkt in Ihrem Leben geführt, an dem Sie heute stehen. Dieses Leben mag für Sie so in Ordnung sein oder auch nicht. Fakt ist: SIE können dieses Drehbuch jederzeit nach Ihren Vorstellungen neugestalten oder anderes gesagt - **es ist möglich, das Drehbuch für die kommenden Staffeln (=ihr künftiges Leben) neu zu schreiben.**

Auf den folgenden Seiten erfahren Sie, wie ich es für mich geschafft habe, das Drehbuch meines Borderline-Syndroms neu zu schreiben, wie aus der schmerzenden Gewissheit, nicht in diese Welt, in dieses Leben, diesen Körper zu gehören, nicht zu wissen, wer ich bin, zu dem wurde, dass ich heute als gefühlte Lebensfreude, gelebte Leichtigkeit, geliebtes Leben bezeichne – ich, Lesley B. Strong.

Warum die Querverweise auf den Roman?

Natürlich damit Sie diesen käuflich erwerben ☺. Aber mal im Ernst. Sollten Sie ernsthaft interessiert sein und einen tieferen Einblick in die Möglichkeiten einer „codierten Geschichte" gewinnen wollen, dann werden diese Querverweise vermutlich hilfreich sein. Für mich persönlich ist JAN/A längst mehr als „nur" eine Geschichte. Es ist eine Art linguistisches Rescue-Set geworden. Zwischen einigen fiktiven Ereignissen sind zusätzlich ALLE traumatisierenden Erlebnisse und die entsprechenden belastenden Gefühle meines Lebens in den Handlungsstrang eingeflochten, plus das, was damals fehlte: Liebe, Zuwendung, Geborgenheit, Anerkennung, Sicherheit ... geschildert in starken, emotionalen, berührenden Bildern, hinterlegt mit Musikhinweisen und weiteren Submodalitäten wie Gerüchen, Geschmack, Farben. Droht meine Balance zu kippen, reicht es völlig, mich mit Buch, Smartphone und Kopfhörern zurückzuziehen und mich an der entsprechenden Stelle in die Geschichte einzuklinken und – voila! Ich bin wieder am Steuer meines eigenen Erlebens.

Apropos Geschichten: Wussten Sie eigentlich, dass Märchen und Legenden viel mehr sind als nur (Kinder)Geschichten? Sie transportieren seit jeher Botschaften direkt ins Unterbewusstsein, vorbei am kritischen Denken und malen dort an unserem Bild der Welt (und unseren Programmen, Werten, Konditionierungen ...). Metaphern-Arbeit und Storytelling nennt man moderne Versionen davon. Sehen Sie unseren Kaffeeplausch zum Thema also gerne als moderne Märchenstunde mit tiefenpsychologischen und philosophischen Hintergründen.

Warum die Gedichte?

Das ist ein ganz besonderes Thema für mich, weil diese Texte schon mehrfach in Schubladen verschwanden und dennoch immer wieder ihren Weg zurück in meine Hände fanden. Mein erstes Gedicht schrieb ich im Sommer 1987. Das exakte Datum weiß ich nicht mehr, aber dass ich an meinem damaligen Arbeitsplatz in der Kaserne Baden an einer elektrischen Schreibmaschine saß, vor einem offenen Fenster mit Blick hinaus auf eine Wiese mit hohem Gras, das bereits von der

Sommerhitze gelb gefärbt und trocken war. Von der davor liegenden Straße herüber waren Motorengeräusche zu hören, und Vogelgezwitscher aus der dazwischen liegenden Hecke. Es war gegen Ende des Sommers, sonnig und heiß. Durch das offene Fenster strömte die warme Luft herein – und ich fiel irgendwie aus dieser Welt. Kurze Zeit später standen auf dem Blatt Papier in der Schreibmaschine etliche Zeilen, darüber der Titel „Die Spinne" – und ich hatte keine Ahnung, warum ich diese Zeilen geschrieben hatte. Da ich allerdings allein im Raum war, konnte niemand außer mir sie geschrieben haben.

In den folgenden Monaten schrieb ich noch einige andere Gedichte und Texte, allesamt beladen mit düsteren Emotionen und einer schmerzenden Sehnsucht nach Antworten. Danach schrieb ich jahrelang keine einzige Zeile, bis mich 1996 erneut das Schreibfieber packte, um nach einige Wochen wieder zu verschwinden. Erst 2012 kehrte der Drang zu Schreiben zurück, doch es sollte bis 2017 dauern, bis ich damit so richtig begann.

All diese Gedichte verbindet eines: sie entstanden im Rückzug von der Außenwelt, meistens in einer Art Trance geschrieben. Offenbar suchte ein Teil von mir (mein Unterbewusstsein?) einen Weg mit mir zu kommunizieren, mir zu zeigen, dass da mehr war, als ich mir damals vorstellen konnte. Lange Zeit verstand ich die Botschaften nicht, doch ich verwendete zeitlich unabhängig die gleichen Symbole und Metaphern, versuchte einige wenige Emotionen zum Ausdruck zu bringen, für die es in meinem „echten" Leben keinen Platz gab ...

und für kurze Zeit holten sie mich zurück in die Welt der Fühlenden.

Paradoxerweise enthalten die Gedichte bereits meine späteren Lösungsansätze (z.B. Schattenbild „... gib der Dunkelheit einen Namen ... gib den Dämonen Gestalt ...“), doch ich war noch nicht so weit, dies zu erfassen und umzusetzen.

Diese Gedichte lehrten mich zu erkennen, dass es nie darum ging, jemand anderer zu werden, sondern immer nur ich selbst zu sein. Die, die ich immer war, von Anfang an. Ich musste mich einfach nur wiederfinden in dem Chaos, das über mich hereingebrochen war. Und sie zeigten mir, dass die innere Leere nur ein räumlich-zeitlich bedingter Zustand war. Veränderte Rahmenbedingungen konnten diese Leere mit Leben füllen. Und damit war eines für mich glasklar: ich war KEIN hoffnungsloser Fall – ganz im Gegenteil!

Die Spinne

Wenn der Tag sich seinem Ende zuneigt,
wenn die Sonne hinab in das Dunkel der Meere steigt,
wenn Sterne und Mond eifern um die Gunst des Astronomen,
wenn ein Schatten wird zum finstren Omen,
dann beginnt der Spinne heimliches Spiel,
in dem dunkel und verborgen niemand findet das Ziel,
sie spinnt Faden um Faden dicht zum Netzesgeflecht,
in das sie verknüpft Welten, Zeiten, Wesen eines jeden Geschlecht,
ohne zu wissen, was nun geschieht,
etwas tief aus der Dunkelheit flieht.

Wenn hoch im Zenit der Silbermond ruht,
wenn sich wechseln Ebbe und Flut,
sie umkreisen wie zwei lauernde Spinnen das Opfer im Kreis,
ein Opfer, ein Gedanke, nicht geborgen und man doch von ihm weiß,
was sie auch denken, was sie auch tun,
jeder Gedanke verliert sich im tun,
denn wenn sie auch wie Spinnen tanzen und lauern,
sie überwinden sie nicht, die unsichtbaren Mauern,
und während sie ihres Leides flennen,

webt die Spinne ihr Netz, dessen Fäden wie Feuer im Dunkel brennen.

Wenn sich langsam die Sonne aus dem Nebel erhebt,
wenn die Dunkelheit in Schatten verebbt,
dann endet der Spinne heimliches Spiel,
und sie ruht, denn erreicht ist das Ziel,
und mit Schrecken halten sie inne,
sie selbst … waren die Spinne!

(Sommer 1987)

Mein Weg zurück zu mir selbst begann mit diesen Worten. Es sollten noch viele Worte folgen, die ich lange Zeit nicht verstand.

Und noch ein nachträgliches „Warum?“

14.02.2019

Heute Morgen hatte ich ein Erlebnis in der Bahn nach Wien, dass diese Frage ein für alle Mal beantwortet. Ich stand im Einstiegsbereich des Wagons, drei Jugendliche im Alter von 15 oder 16 Jahren direkt vor mir. Ein großer, stämmiger Bursche, der ständig auf sein Smartphone blickte und seine Umgebung sichtlich auszublenden versuchte. Ein weiterer, eher klein und hager, die Kapuze seines Hoodys über den Kopf gezogen, wich er jedem Augenkontakt aus und war ebenfalls auf sein Handy fixiert. Der Dritte war groß und schlank, beschäftigte sich zwar auch mit seinem Handy, aber dazwischen schaute er auch auf und schien sich zumindest etwas für seine Umgebung zu interessieren. Er sagte zu dem Kleineren mit der Kapuze: „Hast du dich da geritzt?“ und blickte auf dessen rechte Hand. Der nickte schweigend. Dann fragte der Große kopfschüttelnd nach: „Warum?“ Der Junge mit der Kapuze erwiderte leise: „Weiß nicht.“ Zuckte mit seinen Schultern und wandte sich von den beiden anderen ab.

Warum ich dieses Buch geschrieben habe?

WARUM?

Darum!

Darum habe ich dieses Buch geschrieben, um eine Idee, einen Gedanken, ein Gefühl zu erschaffen, dass vielleicht seinen Weg in die Dunkelheit finden kann, um jene zu erreichen, die sich nicht in dieser Welt oder bei sich selbst angekommen fühlen.

Als ich diese Begegnung wenige Stunden später einigen Kolleginnen erzählte, berichtete eine sogleich von ihrem Sohn, der eine Schulfreundin hat, die ebenfalls „ritzt". Wieder Eine! Wo auch immer ich in den letzten Wochen das Thema „Borderline" angesprochen habe, traf ich auf Menschen, die davon Betroffene in ihrem Umfeld kennen. Jeder einzelne davon ist einer zu viel. Jeder Jugendliche, gerade dem Kindesalter entwachsen, der sich selbst verletzt, ist einer zu viel.

Wie weit haben wir es als Gesellschaft gebracht? Was nutzt all unser Wohlstand, wenn unsere eigene Jugend am Leben verzweifelt? Wo haben wir versagt? Und was können wir ändern?

Ich kenne aus eigener Erfahrung dieses Gefühl der Hilflosigkeit, danebenzustehen, während es geschieht, das eigene Kind sich verletzt und man nichts tun zu kann, außer die Wunden zu versorgen. Ich weiß, wie schwer es war, mir selbst einzugestehen, dass auch ich eine Borderlinerin bin. Aber ich weiß auch, dass genau dieses Ende der Verleugnung der Beginn meiner „Heilwerdung" im Sinne von „annehmen, umarmen, lieben" war.

Auch darum habe ich dieses Buch geschrieben: um jene wachzurütteln, die danebenstehen, während unsere Jugend (und nicht nur die) leidet.

Vor gut 15 Jahren ernteten jene, die öffentlich über ein Burnout sprachen, noch schiefe Blicke. Heute bekommen sie Verständnis und Unterstützung. Meine Vision ist es, selbiges für die Borderliner zu erreichen. Wir dürfen nicht länger die Augen davor verschließen, wenn neben uns ein Mensch sich selbst verletzt, sich in der Dunkelheit verliert, denn der nächste Schnitt könnte auf der Innenseite des Arms und tiefer verlaufen – und es könnte der letzte sein.

Warum?

Darum!

Darum breche ich das Schweigen, beende das Versteckspiel, spreche öffentlich darüber, was es heißt, Borderlinerin zu sein. Vielleicht war es ein Zufall, dass sich dieses Ereignis genau am Valentinstag, am Tag der Liebenden, zugetragen hat? Vielleicht war es Schicksal? Mein Schicksal?

Ich bin nicht religiös, dennoch bemühe ich hier ein Bibelzitat: Liebe Deinen Nächsten, so wie Du Dich selbst liebst ... DU DICH SELBST LIEBST! Wie könnten wir einem anderen etwas schenken, das wir für uns selbst nicht haben? Es beginnt immer mit uns selbst, auch am Tag der Liebenden: Liebe Dich selbst und liebe Deinen Nächsten!

Darum – aus Liebe, zur mir selbst, und meinen Nächsten.

Darum dieses Buch.

2. BPS ODER BORDERLINE-SYNDROM ... WAS IST DAS ÜBERHAUPT?

Auch wenn ich – wie eingangs bereits erwähnt - auf dem Standpunkt stehe, die wissenschaftlichen Fakten und theoretischen Hintergründe den Expert/innen zu überlassen, und mich in diesem Buch vorrangig auf die Beschreibung des Erlebens und Umgangs als Betroffene im Alltag fokussiere, ein paar Punkte seien hier doch erwähnt, damit wir mit einem einheitlichen Wissenslevel starten können.

Recherchiert man online oder in diversen Printmedien zum Thema „Borderline-Persönlichkeitsstörung (BPS)“ oder „emotional instabile Persönlichkeitsstörung des Borderline-Typs“, umgangssprachlich auch als Borderline-Syndrom bezeichnet, findet man zahlreiche Informationen und Publikationen. Wie häufig bei solchen komplexen Themen, gibt es Unterschiede in Begrifflichkeiten und Einschätzungen – wie auch immer, in einem Punkt stimmten alle Quellen, die ich bisher besucht habe, überein: Kein Borderline-Syndrom gleicht einem anderen, jedes davon ist ähnlich wie der Fingerabdruck eines Menschen einzigartig und unverwechselbar.

[Was mich zu dem Gedanken führt, ein BPS könnte eine Art „psychologischer Fingerabdruck“ eines Menschen sein. Dies impliziert allerdings, dass jeder Mensch ein BPS hat – oder das BPS nichts anders ist als die individuelle Ausprägung eines psychologischen Profils. Warum das für mich ein wesentlicher Gedankengang ist, erläutere ich in Kürze.]

Ebenso scheint es als allgemein anerkannt, dass für die Entstehung eines BPS mehrere Faktoren zusammenwirken müssen: Zum einen eine gewisse genetische Veranlagung, zum anderen frühkindliche Erfahrungen, die als emotional tiefgreifend oder gar traumatisierend empfunden wurden und – hier nun ein ganz entscheidender Faktor – für deren Verarbeitung keine geeignete Unterstützung zur Verfügung stand. Anders formuliert: ein „veranlagtes" Kind erlebt eine traumatische Erfahrung und wird damit alleine gelassen. In Folge entwickelt es ein anderes Selbstbild und andere Verhaltungsmuster. Ich weiche hier dem Wort „gestörtes" Selbstbild bzw. „gestörte" Verhaltungsmuster bewusst aus, weil aus meiner Sicht auch jenes Selbstbild und jene Verhaltensmuster einen Zweck erfüllen – nämlich in der Welt, in der sich dieses Kind befindet, weiterhin zu überleben. Diese Theorie wird verständlicher, wenn ich später schildere, wie „mein Dämon" in diese Welt kam, und mit ihm kam die Dunkelheit.

Nicht jede emotional tiefgreifende Erfahrung muss zu einem Trauma oder gar einem BPS führen. Entscheidend ist dafür unter anderem die sogenannte Resilienz, also die psychische Widerstandsfähigkeit. Für deren Entwicklung und Ausprägung ist maßgeblich das Umfeld in den ersten Lebensjahren verantwortlich. Einfach formuliert: Je mehr Rückhalt, Geborgenheit, Liebe und Anerkennung in Kind in den ersten Lebensjahren erfährt, desto stärker wird sich die Resilienz ausbilden. Je weniger ... nun, der Umkehrschluss liegt wohl auf der Hand.

Eine Erkenntnis, die derzeit ebenfalls als gesichert gilt, ist jene, dass die Verhaltensmuster von den Eltern auf die Kinder übertragen werden können, sowohl genetisch als auch psychisch.

[Ab hier schildere ich nun meine Sicht der Dinge. Diese mag stimmen oder auch nicht – es ist mein subjektives Bild der Welt und keine objektive Meinung. Streng genommen zweifle ich daran, dass es so etwas überhaupt gibt. Objektivität halte ich in Bezug auf messbare Parameter für möglich, aber bei Wahrnehmungen? Wie auch immer, Sie betreten nun definitiv meine Welt – und ohne laufend darauf hinzuweisen – diese ist alles andere als objektiv.]

Ich unternehme jetzt einen kleinen Exkurs in die Geschichte von Mitteleuropa der letzten 100 Jahre. Da wären zwei Weltkriege, Flucht, Vertreibung, Hunger, Bomben ... selbst jene, die nicht direkt davon betroffen waren, haben in der Schule darüber gelernt und wissen, dass es kaum eine Familie gibt, die von all dem verschont geblieben war. Auch meine war betroffen. Meine Großmutter hat früher häufig davon erzählt, wie es war - im Krieg. Meine Mutter sprach davon, wie tote Menschen links und rechts der Straße lagen, sie selbst war noch ein kleines Mädchen, als die Sirenen losheulten und die Bomben einschlugen. Wir alle kennen diese Bilder aus Dokumentation und Filmen. Worauf ich hinaus will? Weder meine Großmutter noch meine Eltern haben diese Erlebnisse je gezielt auf- und verarbeitet. Psychotherapie in der Nachkriegszeit? Es gab wichtigeres zu tun. Das Land musste wiederaufgebaut werden, Fabriken mussten wieder produzieren, dazu mussten

Menschen funktionieren. Und das haben sie. Die Menschen haben funktioniert. Bis heute. Nur heute funktionieren offenbar 3 % der Bevölkerung nicht mehr gemäß unseren Normen, und ich frage mich, ob sich hier nicht etwas bis in unsere Jetztzeit verschoben hat, das vor vielen Jahrzehnten entstanden ist. Wenn es so ist, wenn heutige Borderliner quasi das Erbe aus jener Zeit mit sich tragen, weil manches eben damals nicht gelöst und bereinigt wurde und in Kombination mit den anderen Faktoren zur Entwicklung einer BPS führte ... was wartet auf die uns nachfolgenden Generationen? Geben wir das Staffelholz BPS an sie weiter? Ich für mich muss diese Frage leider mit JA beantworten – und mit diesem Wissen leben zu müssen ist weitaus schwieriger als zu akzeptieren, selbst eine Betroffene zu sein.

Apropos Betroffene: Was bedeutet BPS für mich? Bevor ich diese Frage beantworte, erzähle ich Ihnen, was ich in den vergangenen 30 Jahren unternommen habe, um für mich selbst herauszufinden, wie mein Leben funktionieren kann, wie ich mit mir selbst und der Welt ins Reine komme. Neben mir im Arbeitszimmer türmt sich eine volle Bücherwand bis zur Zimmerdecke auf, überwiegend mit Fachbüchern gefüllt. Romane und Geschichten las ich so gut wie nie. Dafür jede Menge Bücher zu spirituellen, philosophischen, psychologischen, esoterischen und ganzheitlich medizinischen Themen. Seminare, Vorträge, Ausbildungen, Selbsterfahrung ... gut drei Jahrzehnte suchte ich nach Antworten, probierte vieles aus, vor allem mich selbst anzunehmen. Diese alles entscheidende Hürde meisterte ich erst vor wenigen Monaten. Obwohl ich rein verstandesmäßig längst Erklärungen gefunden und akzeptiert hatte, war es mir bis vor kurzem unmöglich, dies auch zu fühlen – zu fühlen, dass meine Welt in Ordnung war, dass ich in Ordnung war. Was nützt allein das Wissen, wenn sich das Leben anders anfühlt? Der gelebte Widerspruch war mein Normalzustand. Daran änderten auch all die weisen Ratschläge und Bücher nichts. Der Kopf war im Licht der Erkenntnis angekommen, nur mein Herz verharrte in der Dunkelheit, bis mit JAN/A ein Funke in meinem Leben aufflackerte, der alles verändern sollte.

Heute blicke ich auf unterschiedliche Phasen meines Lebens zurück, das fast durchgängig einer emotionalen Achterbahnfahrt ähnelte. Immer wieder fing ich neu an, baute auf, und zerstörte letztendlich das von mir Geschaffene auch selbst wieder – auf die eine oder andere Weise, jedoch meistens sehr impulsiv, theatralisch und eigentlich grundlos, aber das konnte ich natürlich in den betreffenden Situationen nicht erkennen. Auch Beziehungen zu Menschen waren diesem Kreislauf aus Werden und Vergehen unterworfen. Nichts hatte Bestand in meinem alten Leben, außer seelischer und körperlicher Schmerz, emotionales Leid und die tief verwurzelte Überzeugung, allein zu sein, niemals und nirgendwo angekommen, immer auf der Durchreise, keine Ruhe, kein Frieden. Keine angenehmen Begleiter, die ich für meinen Lebensweg (unbewusst) gewählt hatte. Dennoch – ich überlebte irgendwie. Lernte, zu funktionieren innerhalb für mein Umfeld akzeptablen Parametern, Beziehungen einzugehen, im Job erfolgreich zu sein. Hin und wieder kam es zu unerwarteten und heftigen emotionalen Ausbrüchen, das schob ich dann plausibel klingenden Ursachen in die Schuhe. Überlastung? Ich lebte ständig am Rande eines Zusammenbruchs, permanent in der Überlastung. Ruhe war unerträglich, Stillstand mit Tod gleichzusetzen. Lebendig fühlte ich mich nur, wenn ich (über)aktiv war. Tun, tun, tun ... Arbeit, Freizeit, wo war der Unterschied? Ich hatte unzählige Hobbies kreativer Art, Handarbeiten, Basteln, dazu Sport. Manche Borderliner fügen sich selbst Schnittverletzungen zu, weil das aus der Wunde austretende Blut ihnen ein Gefühl des „am Leben seins" gibt. Für mich war die Belastung und Überlastung der „Schnitt". Zweimal ging ich beinahe zu weit: ab ins Burnout. Die anschließenden Therapien vertieften mein Verständnis für das Problem, aber sie lösten es nicht, denn ich konnte mich noch immer nicht fühlen, nicht die Grenzen zwischen Belastung und Überlastung wahrnehmen.

Eines der wesentlichen Charakteristika eines BPS ist für mich die unbeschreibliche Leere in Bezug auf die eigene Person: Kein Gefühl zu sich selbst. Ich? Was soll das ein? Wer soll das sein? Keine Grenzen, wie weit ich gehen kann und darf, was gut für mich ist und was schlecht. Letzteres zeigten erst die Zusammenbrüche und manchmal auch andere Menschen auf – beides wenig erfreulich oder empfehlenswert. Keine eigenen Wünsche oder Vorstellungen, alles stets in Abgleich mit den (hoffentlich) korrekt interpretierten Beobachtungen des Umfeldes. Sogar mein Spiegelbild erschien fremd. Vertraut war eigentlich nur die Stimme in meinem Kopf, die sich allerdings deutlich von meiner tatsächlichen Sprechstimme unterschied und somit auch keinen Identifikationspunkt bot. Der Begriff „ICH“ war ein abstraktes Konzept, hinter dem sich sowohl alles als auch nichts verbergen konnte, eine Rolle, oder viele?

Es war ein langer, steiniger Weg, der letztendlich dazu führte, dass ich heute offen zu meinem BPS stehe, doch ich sehe darin keine Krankheit, die es zu heilen gilt. Anders als z.B. bei einer Virusinfektion gibt es keinen Erreger auszumerzen. Mein Borderline-Syndrom entstand aufgrund der Ereignisse in meinem Leben. Es ist ein Teil von mir und ich bin dadurch geworden, wer ich bin. Würde ich eine Krankheit darin sehen, würde ich diese Krankheit bekämpfen und auslöschen wollen. Aber wenn ich mein BPS auslösche, wer bin ich dann noch? Ich kann doch nicht mein Leben oder meine Vergangenheit auslöschen. Was geschehen ist, ist geschehen – und hat mich zu der gemacht, die ich heute bin.
Auch mit dem Wort „Störung“ möchte ich mich nicht anfreunden. Ebenso wenig gefallen mir Problem oder Schicksal. Herausforderung klingt nett, aber anstrengend. Warum dem Ganzen überhaupt ein Schild und damit verbunden eine Wertung umhängen? Werden wir mal ein bisschen philosophisch: Kennen Sie meine Unterscheidung zwischen Realität, Wahrheit und Wirklichkeit? „Wahrheit“ können wir gleich zu Beginn abhaken: Niemand von uns wird je die Wahrheit über das Universum und alles darin kennen, solange wir Teil des Universums sind. Und da wir selbiges nicht verlassen können, um von außen einen Blick darauf zu werfen, bleibt die Wahrheit auf ewig den Spekulationen der Philosophen überlassen. „Realität“ ist das, was wir uns

alle teilen und für uns alle gleich ist, z.B. das wir auf dem Planeten Erde leben, im Wald Bäume stehen usw. Diese Realität wird von jedem von uns anderes bewertet, gemäß der individuellen Konditionierung – auch ein wenig simplifiziert Glaubenssätze genannt. Manche Menschen lieben Katzen, andere hassen Katzen. In der Realität ist eine Katze eine Katze, in der individuellen „Wirklichkeit" ein liebenswerter Kuschelgenosse oder ein haarendes Fellknäuel. Wesentlich ist, dass die Wirklichkeit auf uns als Organismus in seiner Gesamtheit (Körper, Geist und Seele) „wirkt", und zwar – wieder vereinfacht gesagt – positiv, negativ oder neutral. Dazu gibt es eine Unmenge an Lektüre, angefangen beim Mentaltraining, über NLP usw. Tipps dazu finden Sie im Literaturverzeichnis. Die subjektive Bewertung der Realität erschafft eine individuelle Wirklichkeit, die unmittelbar auf unseren Organismus in seiner Ganzheit wirkt. Und hier nun die Gretchenfrage: Wie wirkt es wohl auf Ihren Organismus, wenn Sie der Meinung sind, krank oder gestört zu sein? Fühlen Sie sich damit besser? Unterstützt es Sie dabei, sich selbst Anerkennung und Liebe entgegenzubringen?

Damit wir uns nicht missverstehen: ich sage NICHT, ignorieren Sie das Ganze ála „think pink", glaube nur an dich und alles wird gut. BPS ist ein ernstes Thema und Betroffenen rate ich dringend und von ganzem Herzen, sich professionelle Unterstützung und Begleitung zu suchen. Aber ebenso wenig wie ich in einem Borderline-Syndrom eine „Befindlichkeit" sehe, sehe ich darin einen Weltuntergang. Für mich ist die Einstellung entscheidend, mit der jemand auf das Thema zugeht. Eine

Inspiration dazu fand ich im Buch „Eselsweisheit" von Mirsakarim Norbekov, der die Meinung vertritt, dass eine körperliche oder mentale Übung drei unterschiedliche Wirkungen entfalten kann:

1. Kann sie helfen
2. Kann sie schaden
3. Kann gar nichts passieren

Das Ergebnis hängt nach Ansicht von Norbekov von der Einstellung ab, mit der die Übung ausgeführt wird. Als Arzt hat er dies viele Jahre lang beobachtet und untersucht. Ich schloss mich seinen Überlegungen an und begann damit, meine Einstellung zu verändern. Statt weiterhin meinem BPS mit Konflikt und Kampf bis hin zur ersehnten Auslöschung (was natürlich nicht funktionieren konnte, weil wir in uns nichts löschen können) zu begegnen, wechselte ich zu einem Kurs aus Kooperation und Kommunikation.

[Mal ehrlich, wann und wo in der Menschheitsgeschichte ist je etwas Gutes dabei rausgekommen, wenn Konflikt und Kampf im Vordergrund standen? Als Menschen könnten wir Meister der Kooperation und Kommunikation sein. Und etwas, dass zwischenmenschlich funktioniert, kann ebenso intrapersonell – also im Umgang mit sich selbst – eingesetzt werden. Hier ein Querverweis zur „Drama-Dynamik": die finde ich intrapersonell noch viel spannender als interpersonell.]

Ich versuchte also, mein BPS (mich) zu verstehen. Und wenn es schon eine Bewertung braucht, dann finde ich für mich „Potenzial" wesentlich passender. Die

„von der Norm der Masse“ abweichenden Verhaltungsmuster meines BPS haben nämlich zwei Seiten: Sie können einerseits von lästig bis hinderlich mein Leben erschweren, aber andererseits von kreativ bis flexibel mein Leben enorm bereichern. Auch dies durfte ich zuerst im Leben lernen und anschließend in der Theorie nachlesen: Alles hat im dualen Universum (in dem wir nun einmal leben) immer zwei Seiten – und es liegt an uns, welche wir in den Vordergrund rücken (Stichwort: Wirklichkeit). Vereinfacht gesagt: Ist das Glas halb voll? Oder halb leer? Oder beides? Mit letzterer Antwort nähern Sie sich jenem Bereich, der alles einschließt und nichts mehr ausgrenzt, und dem (noch) verborgenen Kern des Themas.

Wissen Sie, wonach ich mich als Borderlinerin mein (altes) Leben lang erfolglos gesehnt habe, was ich mit allen Mitteln erreichen wollte, und was nie erfüllt wurde? Mich als einen Teil des Ganzen wahrzunehmen, die gefühlte Ausgrenzung zu überwinden und mich in der Umarmung des Lebens wiederzufinden, gehalten zu werden, Geborgenheit zu erfahren, das Gegenteil von Einsamkeit zu fühlen: Verbundenheit, mit dem Leben, mit mir selbst.

Vor einigen Wochen habe ich etwas gelesen, das mich tief berührt hat und das folgende Kernaussage enthielt:

Ein Borderliner ist wie ein Kind, das sich sein Leben lang verzweifelt nach der Umarmung seiner Mutter sehnt.

Dieser eine Satz sagt eigentlich schon alles, zeigt gleichzeitig Problem und Lösung auf. Vielleicht drängt sich Ihnen nun eine durchaus logische Frage auf: Wenn es so einfach zu lösen ist, warum besteht dann das Problem überhaupt noch? Weil es einfach wäre, aber nicht leicht – sogar alles andere als leicht für eine Borderlinerin wie mich, diese Umarmung des Lebens zuzulassen. Ein Borderline-Syndrom vermag ein äußerst komplexes Konstrukt zu sein, das für mich in gewisser Weise einem Gordischen Knoten ähnelt und die Lösungsvariante von Alexander dem Großen empfiehlt sich nicht in diesem Fall. Vielmehr braucht es Geduld und Ausdauer, um den Knoten zu entwirren. Hilfreich dafür ist es, die Fäden zu kennen, die sich in dem Knoten verbergen und sie nach einander freizulegen indem sie aus der Dunkelheit des Unbewussten ins Licht der Bewusstheit geholt werden. Sezieren wir also die Anatomie (m)eines BPS.

Doch zuvor lassen Sie uns noch einen Blick weit zurück in die Vergangenheit und nach innen werfen.

[Als ich 1996 das folgende Gedicht schrieb, hörte ich pausenlos den Soundtrack „Blade Runner“ von Vangalis, damals noch die Originalversion aus den 1980ern auf Vinyl. „Rachel's Song“ lieferte den musikalischen Background für diese Gedanken.]

Rachel's Song

Nur einen Augenblick …
möchte ich Ruhe finden,
möchte meine Augen schließen,
alle Gedanken loslassen,
sie wie Tauben in den Himmel steigen sehen.

Nur einen Augenblick …
möchte ich geborgen sein,
möchte ich einen anderen Menschen spüren,
ihn festhalten,
und seinen Herzschlag mit meiner Seele fühlen.

Nur einen Augenblick …
möchte ich die Zeit anhalten,
möchte ich sein,
wer ich bin,
und danach nie wieder sein kann.

Nur einen Augenblick …
möchte ich diese Welt verlassen,
möchte ich Ewigkeit erfahren,
und glauben können,
dass jedes Ende auch ein Anfang ist.

3. DER FLUCH DES DÄMONS

3.1. Den eigenen Emotionen ausgeliefert

Auch wenn ich im voran gegangenen Kapitel dargelegt habe, wie wichtig ich eine konstruktive Einstellung in Bezug auf ein BPS halte – bei mir selbst war es nicht immer so. Ganz im Gegenteil. Über einen langen Zeitraum in meinem Leben und lange bevor ich erstmals über das Thema Borderline-Syndrom hörte, verortete ich in mir etwas, das wie eine Art „Störprogramm" immer wieder Aktionen in meinem Leben setzte, die schlichtweg zerstörerisch waren und enormen Schaden bei mir und in meinem Umfeld anrichteten. An Kreativität mangelte es mir nie, und so nannte ich dieses Störprogramm „Destruktivus", denn genau das war es für mich, etwas zu tiefst Destruktives, das mit vorhersagbarer Sicherheit früher oder später immer alles zu zerstören schien, dass ich mir aufgebaut hatte, gleich ob es sich dabei um eine Karriere im Job handelte oder eine Beziehung, Freundschaft, meine Gesundheit, finanzielle Rücklagen ... was auch immer, nichts durfte Bestand haben. Ich war diesem Störprogramm ausgeliefert, davon fremdgesteuert, wie von einem Dämon. Es war wie ein Fluch. Damals. Sie werden feststellen, dass sich im Laufe der Zeit das Bild, das sich für mich hinter dem Wort „Dämon" verbirgt, verändern wird, aber im Moment bemühen Sie getrost die unerfreulichsten Vorstellungen, die Ihnen zu dem Wort einfallen: Dämon.

Um die Ausprägungen meines BPS zu verstehen, müssen wir kurz einen Blick darauf werfen, wie dieser Dämon in meine Welt kam, jenen Tag, an dem ich in die Dunkelheit fiel. Das liegt sehr lange zurück. Ich war damals ungefähr dreieinhalb Jahre alt und spielte mit anderen Kindern auf der Straße, die an unseren Garten angrenzte. Trotz elterlichem Verbot kletterten wir auf dem Gartenzaun herum. Ich wurde geschubst, fiel herunter und brach mir den rechten Arm. Bis hierher ein an sich harmloses Kindheitserlebnis, aber was dann folgte, hatte Auswirkungen auf mein restliches Leben. Die folgenden Schilderungen stellen dar, wie ich (als Kleinkind) das Ereignis wahrgenommen habe und woraus sich meine Wirklichkeit formte.

[Wie schon zuvor erwähnt, sind Realität und Wirklichkeit zwei Paar Schuhe. Der Sturz war real, aber die Auswirkungen führten zu mehr Schmerz, als ein gebrochener Arm allein auszulösen vermochte.]

Zuerst reagierte meine Mutter ziemlich aufgebracht und überschüttete mich mit Vorwürfen. Ein verletztes Kind in ein Krankenhaus zu bringen stellte für sie einen erheblichen Aufwand dar. Zu jener Zeit (ca. 1973) hatten wir in unserem Haus am Land weder ein Telefon noch hatte meine Mutter einen Führerschein oder gar ein Auto. Ein hilfreicher Nachbar sprang ein und brachte uns beide ins Krankenhaus in die nächste Stadt. Ich spürte deutlich, dass ich ein Verbot missachtet hatte und darüber bei ihr in Ungnade gefallen war. An tröstende Worte oder gar eine Umarmung kann ich mich nicht erinnern. Bis heute kann ich vor meinem geistigen Auge visualisieren, wie ein grünes Tuch (dieses spezielle grün, dass in der Chirurgie verwendet wird und das oft in den TV-Krankenhausserien zu sehen ist) über mein

Gesicht gelegt wird und ich ins Land der Träume hinübergleite. Die Welt sollte danach nie wieder dieselbe sein.

Auch die Bilder des Aufwachens haben sich in mein Gedächtnis eingebrannt. Ich lag allein unter einer weißen Zudecke in einem Lichtkegel, und rundherum war alles dunkel, keine Wände sichtbar, der Raum um mich ging unmittelbar in jene Dunkelheit über, die für mich fortan bestimmend sein sollte und mir heute als Symbol für den Ursprung des Dämons dient, der in diesem Augenblick in mein Leben trat. Ich war allein in diesem Bett. Keine vertraute Person um mich, kein Mensch. Stundenlang, tagelang, eine Ewigkeit lang. Sie hatten mich verstoßen! Die Angst, die ich damals empfand, lässt sich nicht mit Worten beschreiben. Niemand war da, den ich kannte, dem ich vertraute. Ich schrie, heulte, tobte, wollte zu meiner Familie – doch ich war gefangen, gefangen in der Dunkelheit, die an diesem Tag mein Herz und meine Seele in Besitz nahm. Es sollten Jahrzehnte vergehen, bis ich einen Weg finden würde, diese Dunkelheit zu wandeln.

[In jeder Angst steckt das Potenzial, zu Wut zu mutieren. Mit dem Rücken zur Wand, wird aus einer Hauskatze ein Tiger. Meine Angst wurde zu einem feurigen Drachen, doch der sollte sich erst sehr viel später zeigen.]

Aus den Erzählungen meiner Mutter weiß ich, dass ich damals einige Tage allein in diesem Krankenzimmer lag, weil ich offenbar nach dem Aufwachen ziemlich hysterisch reagiert hatte, und die Krankenschwestern meiner Mutter davon abrieten, zu mir zu gehen, weil ich mich danach nicht beruhigen würde. Sie stand also vor der Tür, hörte mich schreien und weinen, und kam nicht zu mir. Jahrzehnte später versuchte ich eine Erklärung für ihr Verhalten zu finden und kam irgendwann zu der Einsicht, dass sie offenbar in ihrer Kindheit derart stark in einer devoten Haltung gegenüber Autoritätspersonen geprägt wurde (sie wuchs immerhin in der Nachkriegszeit in der russischen Besatzungszone im Süden von Wien auf), dass sie schlichtweg nicht widersprechen und zu ihrem Kind gehen konnte. Aber das ist ihre Geschichte, nicht meine. Die Auswirkungen ihres Verhaltens auf mich waren jedenfalls fatal.

Von diesem Tag an konnte ich weder ihr noch meinem Vater oder meinem Bruder weiterhin vertrauen. Ich fühlte mich ständig allein, fürchtete mich davor, neuerlich verstoßen zu werden, wenn ich mich nicht an die Regeln hielt. Etwas in mir war permanent in Alarmbereitschaft, achtete stets darauf, welches Verhalten, welche Worte wohl von meinem Gegenüber akzeptiert werden würden und entsprechend reagierte ich. Meine eigenen Wünsche verschwanden in der Dunkelheit der Angst vor dem Verlassen Werden, die stets rund um mich war. Anpassung wurde mein Dogma, sie sicherte mein Überleben. Es sollten mehr als 45 Jahre vergehen, bis ich wieder ein Gefühl wie Geborgenheit empfinden konnte. Beziehungen zu anderen Menschen baute ich – aus heutiger Sicht – auf einer rein rationalen Ebene auf. Auf Gefühle oder Vertrauen ließ ich mich nicht mehr ein. Zu unsicher waren sie, zu riskant. Ich musste immer alles im Blick, im Griff, unter Kontrolle behalten, um keinen Fehler zu begehen, denn ein Fehler würde wieder ihren Zorn auf mich ziehen.

[Das klingt ziemlich zwanghaft, oder? Nun, freiwillig war es mit Sicherheit nicht. Es war der Weg, denn ein Kleinkind einschlug, um zu überleben inmitten von Ereignissen, die es nicht verstehen konnten – und niemand war da, der dieses Kind in den Arm nahm und ihm Sicherheit oder Geborgenheit schenkte. Der einzige, der da war, immer da sein würde, von diesem Tag an, war der Dämon.]

Genügt ein traumatisches Erlebnis, um ein Borderline-Syndrom auszulösen? Ehrlich gesagt, ich weiß es nicht. Aber es blieb nicht bei diesem einem Ereignis. Es folgten weitere, teilweise auch aufgrund meiner veränderten Verhaltensmuster, denn ich wurde für mein Umfeld „schwieriger", in mir tobte eine unterdrückte Wut (der feurige Drache), die sich teilweise in Sturheit manifestierte und handgreifliche Maßregelungen (was ich damit umschreibe, ist Ihnen wohl klar?) nach sich zog.

Eingangs habe ich erwähnt, dass nach einigen Fachmeinungen mehrere Faktoren, darunter eine genetische Veranlagung, als Ursachen für ein BPS zusammentreffen müssen. Bei mir trafen sie zusammen. Mein Vater war nach dem Krieg Flüchtling und später, 1956 noch ein weiteres Mal, hatte also mit Sicherheit einiges erlebt, worüber er nicht sprechen wollte. Jedenfalls wurde er im Laufe meiner frühen Kindheit alkoholkrank, war jähzornig (was man auch als unkontrollierbar impulsiv bezeichnen könnte oder mangelnde Impulskontrolle) mit Tendenz zu Gewaltanwendung, depressiv bis hin zu suizidalem Verhalten, krankhaft eifersüchtig, neigte dazu, seine eigenen physischen und psychischen Grenzen zu ignorieren und sich sprichwörtlich „zu Tode zu arbeiten“ – was ihm später auch gelang. Er hat so viele Sicherheitsbestimmungen missachtet, dass ich mich manchmal frage, ob es nicht ein versteckter Suizid war, den er über Jahre hinweg betrieb. Über die Zeit hinweg wage ich die Vermutung, dass er aus heutiger Sicht wohl das Schild „Borderline-Syndrom“ an seine Tür hängen dürfte.

Und damit hatte ich alle Zutaten beisammen: die familiäre Vorbelastung, ein traumatisches Ereignis und mangels Geborgenheit eine nicht ausreichende Resilienz, um einer nachhaltigen Auswirkung auf mein Leben zu entgehen. Der Dämon hatte mich gefunden. ABER – wie ich bereits erwähnt habe, hat für mich im Leben immer alles zwei Seiten, und das betrifft auch mein familiäres „Erbe“. Mein Vater gab mir etwas auf den Weg mit, dass sehr viel später mein „magischer Schlüssel“ werden sollte: Grenzenlose Fantasie und meine Begeisterung für das Erzählen von Geschichten! Im Dämon schlummerte also von Anfang an das Problem UND die Lösung.

[Es kann auch gar nicht anders sein. In einem dualen Universum treten stets beide Pole zeitgleich in Erscheinung. Die Herausforderung für uns liegt darin, nicht in der Fokussierung auf dem Einen zu verharren, sondern auch den Anderen und im Idealfall beide wahrzunehmen. Angewandte Philosophie nenne ich das gerne. Ich traf in meinem Leben auf so viel Weisheit: in Büchern,

Filmen, Gesprächen, in der Natur ... alleine die Umsetzung im eigenen Leben erwies sich stets aufs Neue als Herausforderung, weil da etwas im Wege steht, das manche „Ego" nennen – aber dazu kommen wir noch.]

Wie ging's nun nach meinem Krankenhausaufenthalt weiter? Mein gebrochener Arm verheilte wieder, anders als meine Seele oder meine Psyche. Letztere hatte – ich darf das mal so salopp formulieren – einen ziemlichen Knacks abbekommen. Wenn ich das Bild vom Gordischen Knoten wieder aufgreife, so war dies der erste Faden, um den sich bald andere schlingen sollten, ungeordnet und chaotisch. Einer Art Kausalitätsprinzip folgend hing eines vom anderen ab. Ähnlich dem Butterfly-Effekt: So wie der Flügelschlag eines Schmetterlings einen Prozess in Gang setzen kann, der letztendlich die Welt aus den Angeln zu haben vermag, wurde mein Leben durch dieses Ereignis auf eine völlig neue Bahn geschubst (begonnen hatte alles mit einem Schubs auf dem Gartenzaun), eine emotionale Achterbahnfahrt ohne Sicherheitsgurt und die Auswirkungen dauern bis heute an.

Verlassen wir nun den chronologischen Pfad. Die Gedanken und Gefühle wiederholten sich laufend auf der Achterbahn, wenngleich in unterschiedlichen Ausprägungen. Meinen weiteren Lebensweg seiner Zeitlinie entlang zu beschreiben wäre also nur eine Aneinanderreihung wiederkehrender Muster. Diese Muster jedoch werden leichter verständlich, wenn wir uns auf die einzelnen Aspekte konzentrieren und in deren Tiefen blicken.

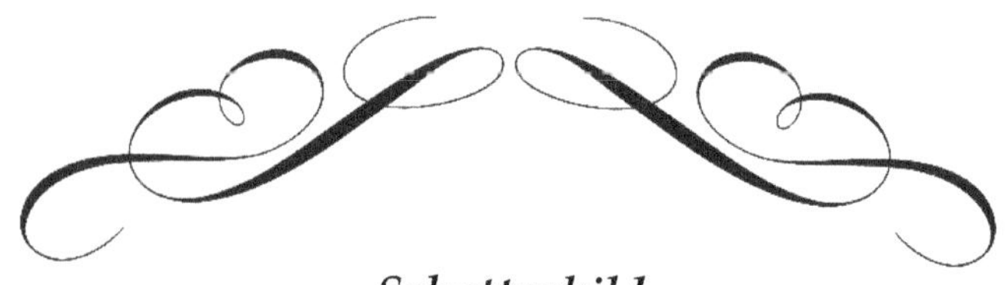

Schattenbild

Gib dem Schatten einen Namen,
gib der Zeit ein Gesicht,
gib deiner Angst ein Manifest,
lass sie nicht länger unbenannt,
und ohne Form.
Jeder Schrecken verliert an Dimension,
wenn er aus dem Dunkel und dem Unbekannten,
in das Licht der Erkenntnis tritt.

Gib deinen Dämonen Gestalt,
gibt ihnen Namen,
gib ihnen Leben,
damit sie das Sterben fürchten,
und die Angst wird dein Verbündeter,
sie wird sich selbst zerstören,
sie wird im Licht vergehen.

(1996)

3.2. Gefühle? Fühlen?

Ein sehr schwieriges Thema. Einerseits habe ich erlebt, Emotionen hilflos ausgeliefert zu sein bis ans absolute Limit, andererseits weiß ich, was es heißt, nichts zu empfinden. Wieder einmal ein Widerspruch, dem jedoch eine fast fatale Logik zugrunde liegt.

Beginnen wir damit, was es bedeutet, nichts zu fühlen. Zuerst einmal: Es war mir nicht bewusst, dass ich nichts fühlte, weil ich es gar nicht anders kannte. Ich war ungefähr sechs Jahre alt, als mein Großvater starb. Davon bekam ich wenig mit, außer, dass ich einen Nachmittag mit der Nachbarin und ihrem Hund spazieren gehen durfte und einige Zeit später ein eigenes Zimmer für mich hatte. Meinen Großvater sah ich nie wieder. Meine Wahrnehmung dazu: Offenbar verschwinden Menschen einfach so aus dem Leben. Es hatte keine Bedeutung für mich. Ich fühlte NICHTS. Allerdings fiel das niemand in meiner Familie auf. Erst einige Jahre später – ich war 14 Jahre alt – als mein Vater starb, bemerkten einige Menschen, dass ich eigenartig reagierte, anders als „normal". Es waren meine damaligen Lehrer und Schulkameraden, die sehr erstaunt waren, dass ich zur Schule ging, obwohl mein Vater am Vortag verstorben war und ich noch dazu keinerlei emotionale Reaktion zeigte. Für mich war es ein Tag wie jeder andere auch. Mein Vater war fort, verschwunden, so wie mein Großvater, einfach so. Ich fühlte keine Trauer, keinen Schmerz, ich fühlte gar nichts. Aber ich erinnere mich noch sehr genau an die Worte meiner Tante, die mich an seinem Todestag am

Gartenzaun empfing mit exakt diesen drei Sätzen: „Dein Vater ist tot. Schau ihn dir nicht mehr an. Behalte ihn in Erinnerung, wie er war." Das war's mit Trauerarbeit. Keine Umarmung, kein Wort, nichts. Meine Familie war so mit sich selbst beschäftigt, dass niemandem auffiel, dass ich – nennen wir es mal so – meinen eigenen Weg fand, mit den Ereignissen umzugehen. Leider behielt ich jene Erinnerungen an meinen Vater im Gedächtnis, die mit starken Emotionen bei mir verknüpft waren: Seine Alkoholkrankheit und meine verzweifelten Rettungsversuche, indem ich die gefundenen Flaschen in die Regenrinne entleerte; seine (mir gegenüber) angekündigten und in meinem Beisein gestarteten Selbstmordversuche; seinen Jähzorn, der mich lehrte, ihn zu fürchten. Ich weiß von alten Fotos, dass es auch andere Momente gegeben haben musste, weiß von anderen, dass er es war, der mir Abends seine selbst erfundenen Gute-Nacht-Geschichten erzählte, doch die Erinnerungen daran verblassten in der Dunkelheit. Alles, was mir von ihm blieb, war Angst und Abscheu.

Dies soll keine Anklage gegenüber meiner Familie sein. Ich lebe heute nach dem Grundsatz, dass Menschen stets das Bestmögliche im Rahmen ihrer Möglichkeiten tun. Mehr war damals offenbar nicht möglich. Auch nicht, als am offenen Grab meines Vaters stehend meine Emotionslosigkeit mehr als deutlich sichtbar wurde, und mir unter Androhung von körperlicher Bestrafung nahegelegt wurde, doch endlich gemäß den gesellschaftlichen Konventionen zu trauern. Verzeihen Sie mir den aufflackernden Zynismus, aber um diese Ereignisse meines Lebens betrachten zu können, brauche ich nach wie vor jenen Schutzschild, den Zynismus nun einmal bietet: Er vermag Schmerz fernzuhalten.

Damals fügte ich mich der Drohung und damit begann gleichzeitig meine schauspielerische Karriere im Alltag, denn von diesem Tag an lernte ich, zu lügen in Bezug auf meine Gefühle – und ich lernte schnell. Lernte, eine Rolle zu spielen. Lernte, Menschen genau zu beobachten und abzuschätzen, welche Reaktion für sie akzeptabel wäre, und diese dann darzustellen, ganz gleich, ob ich und was ich fühlte. Als einige Jahre später meine Großmutter starb, merkte niemand mehr, dass für mich einfach nur wieder einmal ein Mensch verschwunden war – einfach so.

Egal, welches Thema meinen Lebensweg kreuzte, Tod oder Krankheit, Unfälle, Geburten, Hochzeiten, Sex ... es berührte mich einiges zwar rational, aber nicht emotional, doch ich spielte meine tradierten Rollen. Dabei kam mir nicht einmal in den Sinn, dass mein Verhalten vielleicht ungewöhnlich wäre. Für mich war es das Selbstverständlichste auf der Welt. Ich verinnerlichte meine Rollen, so dass meine aus Beobachtung und Interpretation entstandenen Handlungen mich selbst zu täuschen begannen: ich war überzeugt, ich würde etwas fühlen, auch wenn diese Gefühle nur in meinem Kopf waren und blitzartig ausgeblendet werden konnten. Heute weiß ich, wie weit ich damals davon entfernt war, wirklich zu fühlen. Aber mangels Vergleichswerte ... wie hätte ich es erkennen sollen? Vor allem, weil manche Emotionen noch spürbar waren: Schmerz,

Angst und Wut blieben an meiner Seite und führten immer wieder zu heftigen emotionalen Ausbrüchen, denn das „Nichts Fühlen“ war nur eine Täuschung, eine Flucht vor dem, was wirklich in mir war: Gefühle, die so intensiv sein konnte, das sie kaum auszuhalten waren – und ein kleiner Auslöser konnte mich in emotionale Höhen (auch), aber meistens Tiefen katapultieren. Ich ähnelte einem Druckkochtopf, der – wenn er zu lange auf dem Feuer stand (also zulange zu viel in sich verbarg) – Dampf ablassen musste, unkontrolliert, explosiv.

[Viele Jahre später habe ich die Biografie eines Autisten gelesen, der ebenfalls nichts fühlte – nur umfassend nichts. Deshalb fiel seine Problematik auch viel früher seinem Umfeld auf. Ich fühlte nur punktuell nichts, oder anders gesagt: Ich fühlte nur das, was ich gewohnt war und aushalten konnte – also all das, was mein sich verdüsterndes Selbstbild wieder und wieder bestätigte.]

Während die schmerzvollen Emotionen also nach wie vor meine Begleiter waren, erschuf alle anderen mein Verstand unter Berücksichtigung des Umfeldes. Da ich leider nicht meine Angst (vor dem Verlassenwerden) verloren hatte, erlaubte ich mir selten Gefühle (oder Wünsche), die nicht den Erwartungen meines Umfeldes (gemäß meiner Annahme) entsprachen. Anderseits formuliert: Ich wollte nichts tun, was Menschen dazu bringen könnte, mich zu verlassen. Ich begann mich also zu „verdrehen“ und verlor noch mehr den Bezug zu meiner eigenen Identität und meinen Bedürfnissen.

[... und nicht nur „geistig", sondern auch körperlich, was manche Fehlstellungen meiner Wirbelsäule bis heute belegen. Psychosomatik? Ziehen Sie Ihre eigenen Schlussfolgerungen ...]

Einige Jahre später stand ich vor den Scherben einer langjährig krampfhaft aufrechterhaltenen Beziehung, und obwohl ich keine emotionale Nähe zu diesem Mann verspürte, brachte mich die Trennung an einen Punkt, den ich nie für möglich gehalten hätte: Ich wäre bereit gewesen, ALLES zu tun, nur um die Beziehung fortzuführen, konnte mir schlichtweg nicht vorstellen, ohne ihr (der Beziehung, nicht dem Mann!) zu leben. Diese Andeutung dürfen Sie ruhig genauso verstehen, denn damals äußerte ich diesbezügliche Androhungen, doch ich hätte es nie getan. Ich habe einen enorm starken Überlebenswillen und eine hohe Leidensfähigkeit. Beides riss mich in einen emotionalen Strudel – und dann stellte ich fest, dass ich schwanger war. Damit kam ein neuer Fokus in mein Leben. Während der Schwangerschaft erlebte ich eine (hormongesteuerte?) Hochphase. Zu jener Zeit warnte mich ein alter, weiser Mann, ich sollte dringend meine „Probleme" bearbeiten, um eine Übertragung auf mein Kind zu vermeiden. Aber ich war so gefesselt von einem neuartigen und positiven Lebensgefühl (?), dass ich seine Warnung ignorierte. Heute frage ich mich manchmal, was anders wäre, hätte ich danach gehandelt. Leider lässt sich die Vergangenheit nicht ändern.

Als neun Monate später mein Sohn auf die Welt kam, war ich von Beginn an sehr beschäftigt, da ich ja zwei Rollen übernehmen musste: Mutter UND Vater.

Und wieder einmal schaffte ich es, nicht zu realisieren, was fehlte: emotionale Bindung. Ich versorgte meinen Sohn, kümmerte mich um alles, und verstandesmäßig wusste ich auch, dass ich ihn liebe – nur fühlen konnte ich es nicht. Vielleicht fragen Sie sich, wie das möglich ist? Ich habe mich das auch oft gefragt. Heute kenne ich den Fachterminus dafür: Entkopplung von den eigenen Gefühlen.

[Wäre ich in einem haltenden, liebevollen Umfeld aufgewachsen, hätte ich vielleicht gemerkt, was fehlte, aber die Erinnerungen an meine frühe Kindheit sind (nach wie vor) geprägt von Alleinsein mit meinen Gedanken, versteckten Weinflaschen in Gummistiefeln, die in der Garage stehen, Furcht vor dem nächsten Schlag und den stummen Gesprächen, die ich mit jenen Erdgeistern führte, die unter den Wurzeln der Fichten in unserem Garten hausten – und die mich verstanden, denn ich war eine von ihnen.]

Mein Sohn wuchs heran. Ich ging eine neue Beziehung ein und wir lebten als Familie mit den üblichen Herausforderungen. Manchmal erschrak ich, weil ich feststellen musste, genauso zu handeln, wie ich es aus meiner Kindheit von meinen Eltern kannte und was ich so absolut nie tun wollte, aber es geschah einfach so. Ich wurde scheinbar fremdgesteuert. Und da war er wieder – mein Dämon: Destruktivus. Einerseits war mir mittlerweile bekannt, dass die Gründe für mein Verhalten in meiner frühen Vergangenheit zu finden waren, andererseits schob ich die Verantwortung genau dorthin, in jene nicht mehr veränderbare Vergangenheit, deren Opfer ich war, und befasste mich damit, zu erklären, zu verstehen, zu analysieren, zu leiden, zu akzeptieren usw. Nur eines ließ ich aus: zu fühlen.

Und dann kam der Tag im Jahr 2015, da ich wieder einmal die blutigen Schnittwunden am Arm meines Sohnes zusammenflickte. Ich tat, was getan werden musste, und ich fühlte dabei – wieder einmal - nichts. Doch an diesem Tag wurde mir bewusst, dass etwas in meinem Leben gewaltig schieflief. Es war nicht normal, die selbstzugefügten Verletzungen seines Kindes zu versorgen OHNE etwas zu fühlen. Wann war ich zu einem Roboter geworden? In meinen Job hatte es Vorteile, Gefühle ausblenden zu können, um rationale Entscheidungen zu treffen, Krisenmanagement umzusetzen usw. Aber in der eigenen Familie? Ich hatte schon zuvor seine Schnittwunden versorgt und mir dabei die Frage gestellt, warum er nicht „funktionierte"? Ich versuchte so einiges, um meinen Sohn wieder auf Kurs und zum „Funktionieren" zu bringen. Schließlich hatte ich es ja auch geschafft ... zu funktionieren. Verbohrte mich in der Überzeugung, den richtigen Ausweg zu kennen. Damals war ich wirklich blind. Die ganze Zeit über sah ich nicht, was fehlte, weder an ihm noch an mir – bis zu diesem Tag im Jahr 2015, als ich mich entschied, einen anderen Weg einzuschlagen.

2015 war das Jahr, in dem ich zum ersten Mal in meinem Leben trauerte, als ich meine geliebte Katze Cleopatra nach 20 gemeinsamen Jahren loslassen musste. Der Schmerz war überwältigend, kaum auszuhalten. Hatte ich ihn deshalb so lange verdrängt? Meine Beziehung war zu jener Zeit arg in Schieflage, um nicht zu sagen, eigentlich vorüber. Dazu die Erkenntnis, dass mein Sohn Borderliner war – und ich auch. Aufgrund intensiver Selbstbeobachtung erkannte ich, dass ich sehr wohl in der Lage war Gefühle wie Trauer, Mitgefühl und Freude zu empfinden, jedoch nur unter Ausschluss der Öffentlichkeit, also allein im stillen Kämmerlein, im intimen Dunkel eines Kinosaals und einer berührenden Geschichte. Solange es keinen der Menschen betraf, zu denen ich ein Naheverhältnis hatte. Echter Mist.

Und nun die fatale Logik: Mitgefühl mit einer fiktiven Person in einer Geschichte oder einer Wildfremden in einer Fernsehreportage zu haben war ungefährlich. Diese Personen konnten mich nicht verletzen, sie kamen nicht einmal in meine Nähe. Wohingegen die eigenen Angehörigen eine potenzielle Gefahr darstellten. Sie hatten mich in der Vergangenheit verletzt. Würden sie es wieder tun? Emotional aufzumachen und etwas für sie zu empfinden, würde ihnen die Chance dazu bieten. Vertrauen war gefährlich, Kontrolle war Sicherheit. Ein fatales Verhaltungsmuster hatte sich in mir eingenistet, verbunden mit dem Gefühl von Hilflosigkeit, Ausgeliefertsein und Angst wurde es zu einem bestimmenden Programm in meinem Leben. Wie davon loskommen?

Rundum mich Baustellen – und mittendrin ich auf der Suche nach meinen entkoppelten Gefühlen und meiner im Dunkel verborgenen Identität.

Werfen wir einen Blick zurück ins Jahr 1996:

Das Herz des Schmetterlings

Ich schließe meine Augen und ich sehe einen
Schmetterling,
farbenprächtig schillernd, voller Anmut und Eleganz.
Ein Geschöpf der Schönheit,
bereit, allen Winden zu trotzen,
und dabei so zerbrechlich – in unserer Hand.
Jeder erkennt seine Schönheit,
aber wer sieht das Herz des Schmetterlings?
Wer sieht die Angst darin –
vor der Einsamkeit, vor der Kälte des Winters,
vor der Hand, die Schutz verspricht –
und dann doch zudrückt?
Wer denkt im Winter an den Freund des Sommers,
der auf den Schwingen des Windes tanzend uns Sorgen
vergessen ließ?
Wer sieht die bunten Flügel – zerbrochen im Schnee?
Wer ist bereit, seine Hand auszustrecken,
ein Stück des Sommers durch den Winter zu tragen,
zu bewahren – nicht zu zerstören?
Wenn die bunten Flügel zerbrochen sind,
wer sieht dann noch die Schönheit –
und das Herz des Schmetterlings?

3.3. Vakuum – die innere Leere, grenzenlos

Ich denke, jeder Mensch kennt einen Zustand, den er als „innere Leere“ bezeichnen würde, obwohl vermutlich die einzelnen Erfahrungen stark voneinander abweichen. Daher möchte ich Ihnen im Folgenden meine Wahrnehmung dazu beschreiben. Jahrzehntelang wich ich diesem Blick nach innen aus, denn es war ein Blick in eine undurchdringliche Dunkelheit, in der es nichts zu finden gab, außer Leere. Ein gigantisches Vakuum – und es wirkte fremd und bedrohlich auf mich. Dies wurde umso schlimmer, je mehr ich bemerkte, dass andere Menschen etwas vorzufinden schienen, wenn sie nach innen blickten, daraus Kraft oder Inspiration zogen. Doch bei mir löste es nur Unbehagen und Unruhe aus. In gewisser Weise verband ich die Vorstellung von „Tod“ damit, zumindest jedoch das Gegenteil von Lebendigkeit. Innehalten, in sich hineinhören, zur Ruhe kommen ... das waren unerträgliche Umstände, denen ich aktiv entgegenwirkte (siehe auch 3.8 „Mit Vollgas an die Wand: Leistung vs. Überlastung). Ich war quasi süchtig nach Beschäftigung, gleich in welcher Form, körperlich und/oder geistig – Hauptsache, ich hatte etwas zu tun, etwas, über das ich mich definieren konnte, denn in mir war nichts, dass mir verraten hätte, wer ICH bin; nur diese grenzenlose Dunkelheit, wie damals im Krankenzimmer. Eine Dunkelheit, die mich gefangen hielt – und ich hielt an ihr fest, denn sie war „meine Dunkelheit“, wie selbstverständlich ein Teil meines Selbst- und Weltbildes, und ohne jeden Zweifel war sie für mich so real wie alles, das mich umgab.

Apropos Selbstdefinition: nachdem ich diesbezüglich nicht in mir fündig wurde, versuchte ich über das Außen zu kompensieren, über Aktivitäten und über Materielles. Sei es Deko im Wohnbereich oder Kleidung, ich brauchte ständig Neues, Abwechslung, etwas, das mir selbst zeigen konnte, wer ich bin. Dabei sammelte sich enorm viel „Zeug" an. Stichwort Frust-Shopping: Würde ich alles zusammenrechnen, ich schätze, ich könnte davon einen netten Neuwagen kaufen. Dazu mehr im nächsten Kapitel.

[Glauben Sie mir, ich war schlichtweg fassungslos, als ich vor wenigen Monaten in einem ruhigen Moment nicht nur die gewohnte „Oberfläche" meines Körper spürte, sondern auch das „Innenleben", und das, ohne eine Vorstellung im Geist zu konstruieren, denn das hatte ich natürlich auch schon längst gelernt – mich in diesem Bereich selbst zu täuschen. Ich lebte in einer gigantischen Matrix meines Geistes. Vielleicht tue ich das heute auch noch, aber zumindest fühlt sich die aktuelle Matrix lebendiger an als jene aus der Vergangenheit.]

Vielleicht war es eine Folge der inneren Leere, jedenfalls entstand es parallel dazu: Langeweile. Sie wurde meine ständige Begleiterin, doch ich zeigte es nicht. Zumindest in der Schule. Ich war eine durchschnittliche Schülerin, auch weil ich nicht wagte, meinen eigenen Weg zu gehen und meine Möglichkeiten auszuschöpfen. Heute weiß ich, mit welchen Lerntechniken und Lernstrategien mein Gehirn am effizientesten lernen kann und nutze dies. In meiner Schulzeit versteckte ich mich eher und wenn mir langweilig war, driftete ich in meine Phantasiewelten ab, die mich stets begleiteten und in denen ich sein konnte, wer ich nun mal war, ohne mich verstecken, zu lügen oder Rollen zu spielen. Dort überlebte ich meine Schulzeit ohne wirkliche Lernschwierigkeiten, aber auch ohne große Erfolge. Ich war in gewisser Weise – unsichtbar.

Im Berufsleben stellte ich jedoch bei meinem ersten Job fest, dass dieses Ausweichen in Fantasiewelten und Verbergen von Fähigkeiten wenig erfolgversprechend war, denn ich wurde nach nicht einmal zwei Wochen gefeuert, weil ich offensichtlich zu wenig „geistig anwesend" war. Auch diesmal lernte ich schnell, mich anzupassen. Ich wurde fortan zu einer Art Schwamm und saugte Wissen und Knowhow regelrecht auf, mit dem (nachteiligen) Effekt, dass mir nun erst recht nach kurzer Zeit langweilig wurde. Die Folge daraus war, dass ich fortan nach wenigen Jahren den Job und zumeist auch gleich die Branche wechselte. Wenn ich heute meinen Lebenslauf betrachte, dann bin ich jetzt (2018) zum zweiten Mal in meinem Leben seit mehr als 5 Jahren durchgängig für ein Unternehmen tätig. In über 30 Berufsjahren ergab das sehr viele Jobwechsel. Andererseits habe ich enorm viel gelernt. Und letztendlich einen Job gefunden, der nie langweilig wird: Projektmanagement und wie ich es gerne nenne: das Chaos auf Kurs halten.

[Wenn das „Chaos" quasi der eigenen Natur entspricht, wenn man sich im Tohuwabohu lebendig fühlt, was liegt näher, als in diesem Bereich zu arbeiten? Mein latentes Streben nach Kontrolle – zugegeben, Kontrollverlust war schrecklich – prädestinierte mich für eine

planende und steuernde Funktion auf Leitungsebene. Endlich saß ich am Ruder und war nicht länger dem Willen und den Entscheidungen anderer ausgeliefert ... so zumindest definierte ich jene Karotte, der ich nachhetzte und die mich sämtliche meiner Grenzen überschreiten ließ bis hin zu dem, was als Konsequenz folgen musste und ich im Kapitel 3.8 beschreibe.]

Es gab eigentlich nur zwei Bereiche in meinem Leben, in denen ich eine gewisse Kontinuität bewahrte: im Sport und in meiner aktuellen Partnerschaft. Letzteres ist wohl eher der Verdienst meines Partners, denn meine emotionale Achterbahn lieferte in über 20 Jahren reichlich Gelegenheiten und Gründe, um unsere Beziehung zu beenden, doch mit seiner Hilfe schafften wir es immer wieder gemeinsam einen Weg zu finden. Aber es gab davor in meinen Leben auch eine Phase, da lief es völlig anders, da dauerte keine Beziehung länger als 3 Wochen, manchmal auch nur wenige Stunden.

Eine Partnerschaft über einen längeren Zeitraum lebendig und bereichernd zu halten, ist an sich schon eine Herausforderung. Jedoch in Kombination mit dem Umstand, weder Liebe noch Geborgenheit in sich fühlen zu können, von Anerkennung geben oder annehmen will ich erst gar nicht reden – das ist sehr speziell. In einer Diskussionsrunde wurde ich neulich gefragt, wie ich denn eine Beziehung führen konnte, wenn ich nicht fühlen konnte, geliebt zu werden. Meine Antwort: genauso wie jeder andere auch. Auch ich – als Borderlinerin – sehnte mich wie jeder andere Mensch nach Liebe, Geborgenheit und Anerkennung, aber eben mit dem Problem, dass ich all dies nicht wahrnehmen konnte, auch wenn es längst Teil meines Lebens war. Das wirkte sich natürlich entsprechend destruktiv auf meinen Selbstwert und mein Verhalten aus, und dadurch wiederum verursachte ich regelmäßig Stress in dem Bestreben, eben jenes zu finden, das bereits da war. Heute würde ich sagen: eingeschränkte Wahrnehmung – das ist die nette Formulierung…

[… sah den Wald vor lauter Bäumen nicht – beschreibt es weniger nett, aber treffend. Ich war derart fokussiert darauf, ein Problem in meinem Leben zu meistern und um etwas zu kämpfen, dass ich keine andere Wirklichkeit zuließ und damit de facto die Realität leugnete. Ich sah nur, was ich sehen wollte, weil es meinem inneren Bild entsprach. Übrigens funktionieren Nicht-Borderliner genauso, nur mit einem (hoffentlich) positiveren Selbstbild.]

Tears in rain

Ich sehe,
was nur wenige wissen,
und sehe dich an,
und ich sehe in dich hinein,
durch dich hindurch,
und über dich hinaus.

Ich sehe Gedanken,
Erinnerungen,
Gefühle,
ich sehe Freude,
ich sehe Schmerzen,
Einsamkeit –
und Angst.

Ich sehe Fragen,
und Zweifel,
ein Hoffen und Suchen,
ein Labyrinth,
ein Kind, das sich versteckt,
auf der Suche nach Geborgenheit.

Ich sehe Momente, die gingen,
und Momente, die kommen werden,
ich sehe Schönheit.

Ich sehe,
dass all dies verloren sein wird,
die Erinnerung an dich nicht du selbst,
wenn du gehst,
ohne je du selbst gewesen zu sein,
verloren … wie Tränen im Regen.

(1996)

3.4. Die Ursache allen Übels: ICH

Im Kapitel „Gefühle? Fühlen?“ habe ich es schon angedeutet: Zorn und Wut, beides zumeist in unterdrückter Form bzw. anlassbezogen als exzessive Eskalation, waren meine ständigen Begleiter. Kleinigkeiten konnten mich zum Ausrasten bringen, z.B. wenn ein an sich banaler Plan aufgrund veränderter Umstände nicht mehr umsetzbar war (damit verbunden war natürlich das Gefühl des Kontrollverlustes sowie die Logik „Wer bin ich? Bin ich OK? ... und schon nahm die Achterbahn Fahrt auf). Ein falsches Wort zur falschen Zeit genügte mitunter, und wieder einmal war es für Außenstehende weder vorhersehbar noch nachvollziehbar, was mich derart aus der Bahn warf.

Wenn diese Wut nach außen durchbricht, mag es für das Umfeld erschreckend oder anstrengend sein – Stichwort: feuriger Drache! – aber es ist fast die ungefährlichere Form, weil die Energie rasch abgebaut wird und ich mittlerweile einige Techniken beherrsche, um rasch wieder aus dem „ich reiße jemanden den Kopf ab“-Modus auszusteigen. Früher konnte dieser Zustand über Tage hinweg anhalten. Ich konnte das Thema einfach nicht ruhen lassen. Stichwort: fehlende Impulskontrolle. Banales konnte zu einem allesverschlingenden Strudel werden, der mich tiefer und tiefer in die dunkelsten Gedanken und Gefühle zog, der mich Schmerz bis zum Exzess zelebrieren ließ, denn ich wollte eines um jeden nur erdenklichen Preis: Die Welt sollte sehen, wie sehr ich leide! Je weniger sie es wahrnahm, desto mehr steigerte ich mich in das Leiden hinein. Emotionale Ausbrüche und Drama-Dynamik in negativer Reinkultur. DAS verstehe ich unter „seinen Emotionen ausgeliefert" zu sein.

Richtet sich die Wut nach innen, wird der Zorn unterdrückt, dann aktiviert sich bei mir ein Prozess, der durchaus als selbstzerstörerisch zu bezeichnen ist – und damit meine ich nicht die oft als typisch klassifizierte Selbstverletzung mit Klingen. Ich habe keine selbstzugefügten Narben am Körper, aber viele in meiner Seele (oder Psyche). Latent vorhandene Aggression führte bei mir schon in jungen Jahren zu Autoimmunerkrankungen, die für mich und mein Verständnis von Psychosomatik eine Form der Selbstzerstörung sind, später konnte ich sie auf dem Weg der psychotherapeutischen Arbeit auflösen. Auch das Thema der Belastung und Überlastung (siehe Kapitel 3.8 „Mit Vollgas gegen die Wand: Leistung vs. Überlastung) hängt damit zusammen.

Doch warum all diese Wut, dieser Zorn? Ganz einfach: ein tief verwurzeltes Schuldgefühl, ein Selbstbild, dessen Zentrum, die Wurzel allen Übels, bei mir selbst verortet ist. Ich war schuldig! Erinnern Sie sich an meinen Krankenhausaufenthalt und wie der Dämon in meine Welt kam? Das Verbot, das ich missachtet hatte im kindlichen Spiel, verletzt wurde usw. Es war meine Schuld gewesen. All das, was später folgen sollte, konnte nur geschehen, weil ICH zuvor ein Verbot missachtet hatte. Bitte bedenken Sie: Wir sprechen hier nicht über die rationalen Überlegungen eines erwachsenen Menschen mit vorhandener Fähigkeit zur Selbstreflexion. Wir sprechen über die Wahrnehmung und Gefühle eines kleinen Kindes, dessen Selbstbild unreflektiert geprägt wurde. Selbst als mir bewusst wurde, wie all dies zusammenhing und ich es rational akzeptieren konnte, meine (entkoppelten) Gefühle waren quasi in der Zeit stehengeblieben und noch die Gefühle des verletzten, verunsicherten, im Stich gelassenen Kindes. Und dieses Kind war wütend, auf die Welt und sich selbst.

[Meine Mutter erzählte häufig davon, dass ich als Kind ein „kleiner Teufel" war, zornig, stur, trotzig. Nun, heute würde ich sagen: kein Wunder! Viel erstaunlicher ist, all dies überlebt und zurück zu Lebensfreude und Leichtigkeit gefunden zu haben.]

Mein Leben hat mitunter einen Hang zur Ironie, den eine Schlüsselweisheit für mich fand ich ausgerechnet im Buch „Die Kunst des Krieges", jenen Einsichten, die der chinesische Philosoph und General Sun Tsu bereits vor 2.500 Jahren niederschrieb. Vereinfacht formuliert lautet meine Erkenntnis daraus: „Kannst du den Kampf nicht gewinnen, lerne deinen Gegner zu umarmen". Genau das tat ich und tue ich noch. Niemand kann gegen sich selbst kämpfen und gewinnen, ohne gleichzeitig auch zu verlieren. Spät, aber doch, lernte ich zu umarmen, was ich fürchtete – das wütende kleine Kind: mich selbst.

Todessehnsucht

Warum kann ich nicht einfach fortgehen,
die Augen schließen,
diese Welt verlassen,
all die Schmerzen und Probleme zurücklasen,
vergessen, weglaufen, irgendwohin,
wo all dies nicht existiert,
wo es nichts gibt außer vergessen,
irgendwohin,
nur weg von diesem steinigen Weg,
weg von diesem Leben,
nur weg.
Was ist es, das mich am Leben hält?
Warum kann ich nicht gehen?
Ich bin schon an der Tür,
und dann ist da ein Wort,
das mich hält,
ein Lächeln.
Lass mich gehen, Leben,
mach es mir nicht so schwer.
Es ist nur ein Schritt …
Halt mich fest, Leben,
ich will nicht gehen.
Warum bin ich noch hier?

(1996)

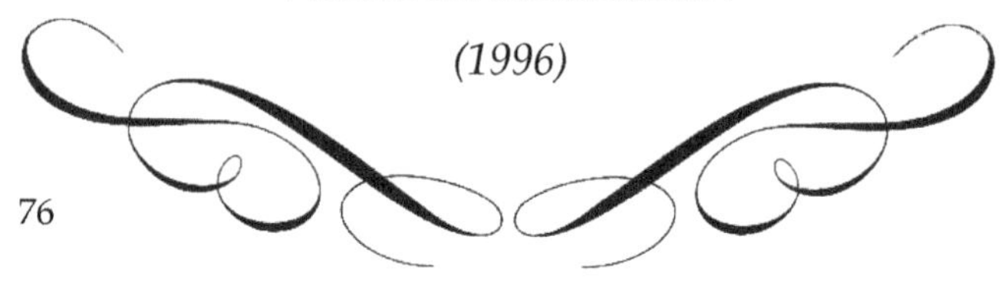

3.5. Der Blick in den Spiegel: Wer bin ich?

In den Spiegel zu blicken und sich zu fragen: „Wer bin ich?“ werden vermutlich die meisten Menschen aus eigener Erfahrung kennen. Doch während die meisten irgendwann in ihrer Persönlichkeit gefestigt und etabliert sind, hätte ich diese Frage jeden Tag anders beantworten können. Mal war ich die, mal eine andere. Ich veränderte Schriftbild, Bekleidungsstil, Haarfarbe ... alles, was veränderbar war, veränderte ich laufend, definierte mich ständig aufs Neue. Hätten Sie mich vor ein paar Jahren gefragt: Wer bist Du? Hätte ich geantwortet: Ich bin, wer ich sein will. Mal war ich die pragmatisch agierende Projektmanagerin, mal die altruistische Weltretterin, mal die ehrgeizige Sportlerin, mal die chaotisch-ausgeflippte Künstlerin ... und stets war ich davon überzeugt, endlich gefunden zu haben, wonach ich gesucht hatte: mich selbst und nun zu wissen, wer ich bin. Bis es sich ein paar Tage später nicht mehr „echt anfühlte“ und ich diese „Rolle“ nicht mehr aushielt und in eine andere schlüpfte. Für kurze Zeit war ich 1000%ig (!) zuversichtlich, endlich am Ziel angekommen zu sein – und dann war alles wieder anders.

Glauben Sie mir, DAS hält auf Dauer niemand leicht aus, an der Seite eines Chamäleons zu leben. Nicht nur, dass ich nicht wusste oder fühlte, wer ich bin – ich wusste auch nicht, was ich wollte. Unzählige Projekte fing ich im Laufe der Jahre an, vollendete nur wenige davon. Mich interessierte alles! Ich war leicht für neues zu begeistern, immer in der Hoffnung, das Nächste würde das sein, wonach ich suchte. Die Suchende, das war wohl die Rolle meines Lebens, und ich traf auch etliche Menschen, die mir genau das rückmeldeten, doch ich verstand nicht wirklich, was sie meinten.

Was ich am meisten suchte oder brauchte, war Anerkennung von außen. Aus mir selbst kam diesbezüglich ja nichts. Wie hätte ich mir (Selbst-)Bestätigung geben können, wenn ich doch gar keinen Bezug zu mir selbst hatte. Sie merken schon, das ist ein ...

[Nein, wir strapazieren jetzt nicht den armen Teufel. Das hat er nicht verdient, zumal es ohne ihn JAN/A nie gegeben hätte, aber das ist eine andere Geschichte.]

... ein zirkulärer Prozess ohne (scheinbare) Ausstiegsmöglichkeit. Ohne Identitätsgefühl gibt es auch kein echtes Selbstwertgefühl, daraus folgt mangelndes Selbstvertrauen, was wiederum ein ausgeprägtes Bedürfnis nach Anerkennung hervorrief, um eine Bestätigung dafür zu bekommen, jemand zu sein und eine Ahnung der eigenen Identität. Fertig ist die Endlosschleife. Irgendwann wurde daraus eine Art Sucht nach Anerkennung. Um diese „Droge für das Ich-Gefühl" zu erhalten, tat ich so einiges, das mich heute noch den Kopf schütteln lässt, mitunter sogar erschaudern, denn was keinen Wert hat, ist „wertlos".

Manchmal ging dieses Gefühl der „Selbstentwertung" soweit, dass der Blick in den Spiegel (oder auf ein Foto) schlichtweg unerträglich wurde und zu einer abgrundtiefen Ablehnung dessen, was ich sah, führte. Auf den Punkt gebracht: Ich fühlte mich hässlich, abstoßend und konnte mir beim besten Willen nicht vorstellen, dass irgendjemand mich tatsächlich lieben könnte.

Vermutlich hätte ich akzeptiert alles zu sein außer die, die ich vor mir im Spiegel erblickte. Hätte ich nicht so viel Angst vor Nadeln und Operationen – vielleicht würde ich heute ganz anders aussehen? Vielleicht hätte ich dem Drang nach „anders sein im Sinne von wie alle sein“ nachgegeben? Vielleicht hätte ich aber auch nie zu mir selbst gefunden, wenn ich diesen „einfachen“ Weg der Veränderung gegangen wäre.

Wenn mich heute hin und wieder beim Blick in den Spiegel oder auf ein Foto noch ein eigenartiges Gefühl des Unwohlseins befällt, trete ich mir selbst ein wenig liebevoll in den Allerwertesten: „Du bist keine Kopie von jemand anderem, Du bist Du und damit einzigartig. Hör‘ auf Dich zu vergleichen!“

Spiegelbild

Ich bin, was du siehst,
und doch nur ein Bildnis im Spiegel,
hinter Glas gefangen,
unnahbar,
nur Schein,
ohne Körper,
ohne Wärme,
keine Seele,
ein Bildnis nur,
solange du nicht hinter den Spiegel blickst,
wirst du nicht wissen,
wer ich bin.

Du kannst mein Gesicht sehen,
doch meine Seele nicht,
kannst meinen Körper berühren,
doch mein Herz bleibt dir fremd,
solange du nicht mehr siehst,
als ein Bildnis im Spiegel.

(1996)

3.6. Abgrenzung, was ist das? Übergriffe

Grenzen waren und sind ein ständiges Thema in meinem Leben. Es begann schon sehr früh, als ich noch ein kleines Kind war, nach dem Krankenhausaufenthalt, vielleicht auch schon davor. Meine Bedürfnisse und Wünsche schienen mein Umfeld nicht zu interessieren, mit Grenzen war es nicht anders. Wie nah darf man einem anderen Menschen kommen? Was ist angemessen? Ab wann ist es – übergriffig? Wer darf wen wo berühren?

Als vor einiger Zeit die #me too-Welle losbrach, ließ das auch bei mir alte Erinnerungen wach werden. Es ist an der Zeit, in der Gesellschaft offen darüber zu sprechen und das Verhalten anzupassen, aber das Problem ist nicht neu. Meine frühesten Erinnerungen dazu gehören in die Zeit kurz vor der Pubertät. Hände, die berührten, was sie niemals hätten berühren dürfen. Was es auslöste? Unbehagen, Schweigen, ... hätte ich mich wehren sollen, etwas sagen? Wem konnte ich denn vertrauen? Durfte ich denn überhaupt etwas sagen? Oder würde – wie schon so oft – die Schuld wieder auf meinen Schultern abgeladen werden? Würde die Bestrafung wieder auf mich zurückfallen? Schweigen versprach Schutz vor möglicher Bestrafung. Eine irrsinnige Logik – aber logisch.

Nach der Pubertät, als junge Frau, ohne eigenes Identitätsgefühl, mit mangelndem Selbstwert und ohne funktionierende Abgrenzung – lassen Sie es mich pragmatisch formulieren – es gab eine Phase in meinem Leben, da ging ich mit jedem Mann ins Bett, der

Interesse bekundete ... ohne dabei etwas zu fühlen, weder körperlich noch im Sinne von „verliebt". Weder formulierte noch verteidigte ich meine Grenzen. Ich gewisser Weise hatte ich mich selbst zu Freiwild erklärt. Natürlich redete ich mir ein, ich wäre verliebt, sonst hätte ich mein eigenes Verhalten nicht ertragen können, aber ich war es nicht, denn ich legte diese Männer mitunter schneller ab als andere ihr Make-up. Ich lernte – wieder einmal – sehr schnell und wurde gut darin, die Bedürfnisse von Männern zu befriedigen. Meine eigenen spürte ich nicht. Aber für kurze Zeit, manchmal nur für einen Quickie lang, bekam ich was ich ersehnte: Anerkennung!

Dennoch – auch als moralischen Gründen versuchte ich auf den Kurs eines „normalen" Lebens zu wechseln – und klammerte mich an eine dieser flüchtigen Beziehungen zu jenem Mann, der später der Vater meines Sohnes werden sollte. Es war von Anfang an eine Lüge. Eigentlich hätte es bei einem „Wochenende mit Sex" bleiben können, wenn wir uns nicht wieder getroffen hätten und er sich für eine andere Frau interessiert hätte. Verlassen zu werden? Geht gar nicht. Er MUSSTE die große Liebe sein, allein um meines nicht vorhandenen Selbstwertes willen und um nicht schon wieder eine dieser bedeutungslosen Affären erlebt zu haben. Ich klammerte – und gewann. Die nächste Runde auf der Achterbahn. Um diese Beziehung aufrecht zu erhalten musste ich mich noch mehr verdrehen als je zuvor, eine Rolle spielen, die mir so gar nicht passen wollte. Es folgten Krankheiten, Wutausbrüche, Verlust. All das versuchte ich mit überzeichneter Idealisierung seiner

Person und unserer Beziehung auszugleichen, ein Leben zu erschaffen, das ich so nie führen wollte. Eine gigantische (Selbst-)Täuschung. Ich brauchte keine Klingen, ich lebte Selbstzerstörung und Selbstdemontage im Alltag über Jahre hinweg.

[Wieder einer dieser Widersprüche: Während ich ein ziemlich umfangreiches Repertoire an sexuellen Praktiken zelebrierte, war banales Kuscheln für mich fast unmöglich. Ich kannte lange Zeit nur ein Programm: Wurde der Startknopf gedrückt, zog ich die Show durch und am Ende gab es einen befriedigten Mann und ich hatte wieder einmal bewiesen, was ich kann – ohne dabei etwas zu fühlen. Es war Scheiße! Viele Jahre meines Lebens ersetzte ich in diesem Statement das „Es" durch ein „Ich". Das war aus heutiger Sicht der absolute Tiefpunkt meines Selbstwertes ... jene Momente, in denen ich mich derart selbst verabscheute, dass ich förmlich darum bettelte, geschlagen zu werden ... und ich danke dem Mann an meiner Seite von ganzem Herzen, dass er meinen flehenden Wunsch nie erfüllt hat!]

Bis heute ist es für mich mitunter schwierig, abzuwägen: Wie viel Nähe lasse ich zu, mit wie viel Offenheit begegne ich Menschen. In der Vergangenheit schwankte ich zwischen Null Abgrenzung und 100% - dann war ich schon mal als „arroganter Arsch" unterwegs. Statt langsam eine Beziehungsebene zu anderen Menschen aufzubauen, zeigte ich meinem Gegenüber seine Schwachstellen auf und knüppelte (verbal) ordentlich drauf. Wer das aushielt, durfte in Folge feststellen, dass ich auch nett sein konnte, nachdem ich eben im Vorfeld klargestellt hatte, welche Konsequenzen ein Konflikt mit mir haben konnte. Auch eine Form der Abgrenzung und damit des Selbstschutzes, aber wenig empfehlenswert.

[Wieder ein Faden, der sich zu meinem wachsenden Gordischen Knoten gesellte, und das Bild komplexer und unüberschaubarer werden ließ.]

Wer trägt die Verantwortung für Übergriffe? Ich selbst, weil ich mich nicht wehrte, obwohl ich es hätte tun können? Jene, die mich einst als kleines Kind im Stich ließen und ich in der Folge die Verhaltensmuster entwickelte, die Übergriffe zuließen? Oder jene, die übergriffig wurden, weil ihnen niemand die Grenzen aufzeigte und sie dadurch ihr Verhalten auf gewisse Weise legitimiert sahen und tradierten? Diese Fragen kann und werde ich nicht beantworten. Ich habe mich entscheiden, künftig meine Grenzen zu schützen, und wenn es notwendig sein sollte, wird mein „Dämon" sie mit allen mir zur Verfügung stehenden Mitteln verteidigen.

Unschuld

Zu wissen zu sein –
und doch nur ein Traum zu sein,
im Herzen unerfüllt,
weil unberührt.

Wartend auf einen Augenblick ungewiss,
auf eine Berührung unbekannt,
wartend auf das das Kind sie verlässt
die Frau erwacht
jenseits der Unschuld,
weil vom Leben berührt –
und deshalb schuldig.

Von Widersprüchen erfüllt,
weil nun nichts mehr sein darf wie zuvor,
keine Berührung mehr unbedarft,
kein Lächeln nur Freude,
kein Wort gedankenlos,
weil die Unschuld verloren,
die Reinheit zerstört.

Hinter Mauern verborgen der Freiheit beraubt,
auf ewig an sich zweifelnd,
in der Schuld gefangen,
das Leben der Unschuld,
die einmal berührt.

Zu wissen zu träumen,
was zu leben nicht möglich,
im Herzen erfüllt,
weil geschützt und verborgen,
die Seele der Unschuld,
die nicht mehr sein darf,
weil einmal berührt.

(1996)

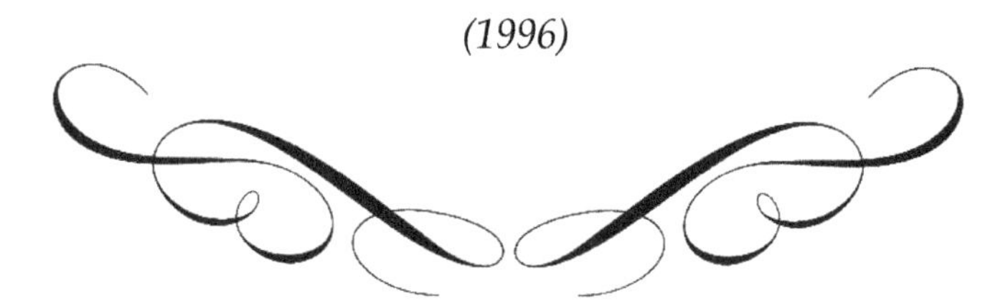

3.7. Immer allein, niemals geborgen, kein Halt

Was ist das Gegenteil von Geborgenheit? Ich habe das gegoogelt, kam auf einige Seiten, die Antonyme ausweisen und auf folgende Ergebnisse: Einsamkeit, Ungeborgenheit, Unbehaglichkeit. Keiner dieser drei Begriffe erscheint mir geeignet, diesen Gegenpol von etwas so Besonderem zu beschreiben. Einsamkeit hat in meinem Verständnis nichts damit zu tun, ob ich mich geborgen oder nicht fühle. Ungeborgenheit ist für mich ein klassisches Beispiel für „etwas Besseres ist denen nicht eingefallen"? Und Unbehaglichkeit – nun, dieses Gefühl kann auch ein unbequemer Sessel auslösen oder ein Zahnarztbesuch, weswegen noch lange nicht Geborgenheit fehlen muss. Also, was ist das Gegenteil von Geborgenheit?

Nach meinem – nennen wir es ruhig beim richtigen Namen – traumatisierenden Krankenhauserlebnis als Kleinkind, verbrachte ich die überwiegende Zeit meines Lebens in diesem schwer zu definierenden Zustand. Ich fühlte mich allein gelassen im Sinne von „im Stich gelassen, ausgesetzt, verlassen, verstoßen, ausgegrenzt" und damit war klar, dass mir niemand helfen würde, wenn ich ernsthaft in Schwierigkeiten geraten würde. So überlegt waren meine Gedanken als Kleinkind zwar noch nicht, aber es fühlte sich so an. Mach einen Fehler, benimm dich daneben und du fliegst raus! Ergo – es fehlte jegliches Vertrauen darauf, auch im Falle eines Fehltrittes noch willkommen zu sein.

[So züchtet man Perfektionisten und Perfektionistinnen!]

Natürlich war dies ein „haltloser" Zustand (beachten Sie die Doppeldeutigkeit!). Aber wer hätte mir Halt geben können? Wenn das Vertrauen in die nahestehenden Bezugspersonen zerrüttet ist, was bleibt? Fremden vertrauen?

[In meiner Kindheit gab es eine Phase, die ich später als „xenophobisch" bezeichnete. Damals wagte ich kaum, allein ein Kaufhaus zu betreten. Ich hatte Angst davor, allein mit Menschen zu interagieren. Ich fürchtete mich weniger davor, dass jemand mir etwas antun würde, sondern davor, überhaupt wahrgenommen zu werden, in den Fokus zu rücken, in die Beurteilung und Verurteilung … und der damit verbundenen Bestrafung.]

Also bemühte ich mich nach besten Kräften, angepasst an die Vorstellungen meines Umfeldes zu leben – zu sein, was sie von mir erwarteten. Stets in der Angst davor, erneut verstoßen zu werden. Ob diese Angst nun berechtigt war oder nicht, sie fühlte sich real an, und so wirkte sie auf mich, mein Leben, meinen Körper: einnehmend, erdrückend, unerträglich. Sie raubte mir schlichtweg den Atem. War das die wirkliche Ursache für meine Asthmaerkrankung? War die dahinter verborgene Allergie nur ein Symptom dessen, das ich die Umwelt rund um mich nicht annehmen konnte und deshalb allergisch reagierte? Chronische Krankheiten entwickelten sich – würden sie mich mein Leben lang begleiten?

[Zum Thema Psychosomatik habe ich mich ja schon mehrmals geäußert. Rückwirkend betrachtet war auch

dies ein Zeichen, ein Hinweis auf das, was fehlte: Vertrauen in das Umfeld.]

Tag für Tag lebte ich in dem Widerspruch, mich nach Geborgenheit zu sehen, und gleichzeitig Nähe zu anderen nicht zu lassen zu können. Es war der Kampf von „Sehnsucht nach dem Urvertrauen in das Leben" – im Buch „Facetten der Einheit" von A.H. Almaas so zutreffend als „Holding Environment" bezeichnet oder wie ich es gerne übersetze: das Gefühl, vom Leben gehalten zu werden – gegen „die Realität, niemandem trauen zu können" aufgrund der aus frühen Erfahrungen entstanden Angst. Ich konnte erkennen, was ich suchte, doch es nicht erreichen, denn es lag jenseits des Spiegels, in dem ich nur erblickte, was ich nicht akzeptieren konnte: das verzerrte, bruchstückhafte Bild meines Selbst.

Ich war allein, unverstanden, in gewisser Weise unberührbar, weil ich von den anderen getrennt war, ausgegrenzt. Sie hatten mich ausgegrenzt, weil ich anders war – das dachte ich, so fühlte es sich für mich an. Doch in Wahrheit setzte ich den ersten Schritt der Ausgrenzung, bei jedem neuen kennenlernen, bei jedem Menschen: ich lehnte zuerst ab, ging auf niemanden offen zu, sah zuerst immer, welche Fehler und Schwächen er/sie hatte, was man kritisieren konnte, vielleicht sogar verletzen – zum eigenen Schutz. Irgendwie gehörte ich nie wirklich irgendwo dazu und war felsenfest davon überzeugt, die anderen wären dafür verantwortlich. Doch die Anderen waren nur das Echo, die Reaktion auf meine Aktion. Sie waren für mich der Spiegel, in dem ich meine eigene Selbstverachtung erblickte. Doch meine Handlungen sorgten dafür, dass dieses Spiegelbild zur Realität wurde – ich sorgte dafür. Das war alles andere als angenehm, und führte dazu, dass ich mich noch mehr darum bemühte, angepasst zu leben, angenommen zu werden, mich noch weiter in (Selbst-)Täuschung und Missachtung meiner eigenen Bedürfnisse, Werte, Gefühle, Persönlichkeit … zu verstricken.

Je größer meine Anstrengungen wurden, desto öfter schien ich zu scheitern. Das ist wie das Gleichnis mit dem Sand in der Hand: Je fester man zudrückt, desto mehr rieselt zwischen den Fingern durch. Je mehr ich versuchte zu sein, was ich nicht war …

[Der Dämon hielt mich fest in seinen Klauen. Der Gordische Knoten verstrickte sich weiter und fester, mit jedem Lebensereignis, das mein desaströses Selbstbild bekräftigte.]

Niemand kann dauerhaft im Zustand der Angst leben, ohne ernsthaft Schaden zu nehmen. Offenbar war das bereits meinem kindlichen Unterbewusstsein deutlich geworden. Daher versuchte ich der Angst zu entkommen und floh in meine Parallel- oder Fantasiewelten. Das machte mich zwar nicht besonders fit für den Alltag in der Realität, aber immerhin konnte ich für einige Zeit durchatmen. Diese Welten waren sehr komplex, hatten wunderschöne Namen und Wesen, die mich als ihresgleichen betrachteten. Vielleicht fällt es mir deshalb heute so leicht, verschachtelte Geschichten zu schreiben, weil ich das von klein auf an jeden Tag getan habe. Meine Gute-Nacht-Geschichten erzählte ich mir irgendwann selbst, allein, in Gedanken, weil niemand da war. Damals entstanden Seelenbilder und Metaphern, die ich bis heute verwende.

Meine ersten Gute-Nacht-Geschichten waren in der Welt der „Indianer" angesiedelt, spielten am Lagerfeuer und ich trug den Namen Schwarzer Adler. Nun, Feuer als Metapher verwende ich nach wie vor, bei JAN/A ist es fast omnipräsent. Ich schlüpfte als Frau in die Rolle eines Mannes, was ich im Grunde als „Jan" bis heute tue, und der Adler – ach ja, was glauben Sie, wie überrascht ich war, als ich vor einigen Jahren feststellte, dass ich nach dem Kalender der Maya als „Blauer Adler" geboren wurde. So viel zur inneren Stimme, Intuition, Wahrheit …

Ich habe nie aufgehört, mir selbst Geschichten zu erzählen, bis heute nicht. Der einzige Unterschied ist, dass ich heute manche dieser Geschichten aufschreibe und Bücher daraus entstehen. Die Parallel- oder Fantasiewelt wurde bunter, vielfältiger und sie wird auf ewig jene Welt bleiben, aus der niemand mich je verstoßen kann, …

[… und in der in gewisser Weise auch das Erbe meines Vaters weiterlebt. Bei allem, was geschehen ist, erkenne ich dennoch an, dass ein Teil von ihm auf ewig auch in mir leben wird: die lyrische Ader. Mein Vater wollte Dichter werden, doch es gelang ihm nicht, diesen Traum zu verwirklichen. Ich habe zwar nie eines seiner Gedichte gelesen, aber ich denke, sie rankten sich um ähnliche Themen wie meine: Gefühle in all ihren Facetten.]

Aus kindlicher Verzweiflung und Überlebenswillen heraus erschaffen, wurde meine Parallel- oder Fantasiewelt sehr viel später für mich zu jenem Rückzugsort, an dem ich Kraft tanken kann, mich neu ausrichten, abschalten, zur Ruhe kommen. Doch noch war es nicht so weit.

Wäre ich ein Gott ...

Wäre ich ein Gott,
würde ich alle Steine aus deinem Weg räumen,
würde ich die dunklen Wolken von deinem Horizont vertreiben,
würde ich die Welt aus den Angeln heben,
sie nach deinen Träumen neu erschaffen.

Wäre ich ein Gott,
würde ich die Ängste von dir nehmen,
würde ich die Last der Sorgen für dich tragen,
würde ich dein Leben mit Harmonie erfüllen,
wäre deine Welt vollkommen.

Aber ich bin nur ein Mensch,
ich kann dir nur meine Hand reichen,
an dich glauben, für dich da sein –
und manchmal einen Augenblick des Glücks mit dir teilen,
stets wissend,
ich bin nur ein Mensch –
und deshalb perfekt darin,
unvollkommen zu sein.

(1996)

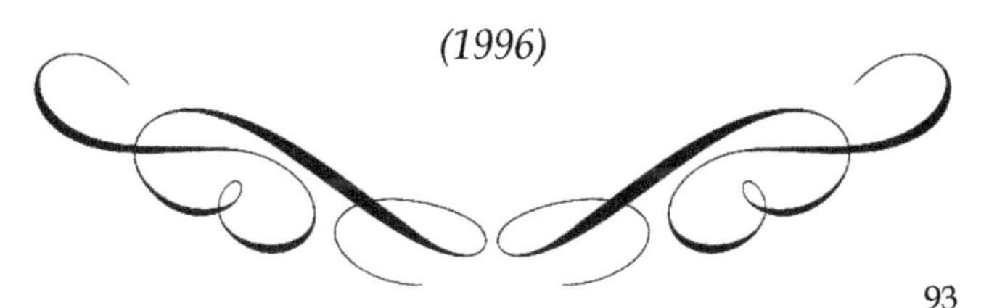

3.8. Mit Vollgas an die Wand: Leistung vs. Überlastung

Wie ich schon erwähnte, habe ich mich nie auf die „herkömmliche" Weise selbst verletzt. Meine Vorgehensweise war subtiler, gesellschaftlich anerkannter, fast schon so etwas wie glorreich. Arbeite bis zum Umfallen, yeah!

Meine Welt bestand in weiten Bereichen aus Schwarz-Weiß-Denken. Alles oder nichts. Ich trieb es regelmäßig bis auf die Spitze dessen, was mein Körper und mein Geist gerade noch irgendwie aushalten konnten. Beschäftigung und Aktivität als Indikator für Lebendigkeit. Keine Ruhe, keine Entspannung, keine Erholung. Man kann alles mit Stress unterlegen, selbst Sex, sogar Meditation kann man krampfhaft versuchen – natürlich funktioniert es nicht, aber das erkannte ich selbstredend nicht, weil ich es ja nicht fühlen konnte. Mein Verstand – oder besser: mein Ego – trübte meine Wahrnehmung. Womit wir wieder beim erlernten Selbstbetrug wären. Oder der konditionierten Selbsttäuschung. Suchen Sie sich aus, was Ihnen mehr zusagt. Es ändert nichts an der Tatsache, dass ich mit Vollgas auf die Wand zuraste. 2008 kam es dann zum großen Crash: mein erstes Burnout.

Eines Tages konnte ich ganz einfach nicht mehr aufstehen. Ich hatte nicht mehr genügend Kraft, um aus dem Bett zu kommen. Es war, also würde mein Körper sich weigern, meinem Geist zu folgen, denn mein Geist wollte weiterarbeiten, weigerte sich, eine Pause einzulegen. Rückblickend gesagt, habe ich damals nichts begriffen und die Chance, die in diesem Zusammenbruch lag, nicht genutzt. Denn außer ein paar Wochen ausschlafen und ein wenig über meine Probleme plaudern, tat ich nichts. Warum hätte ich auch? Noch ging ich ja davon aus, alles in meinem Leben im Griff zu haben, zu wissen, wer ich bin und was ich will. Sicher, es gab noch diesen „Destruktivus", der sich hin und wieder störend bemerkbar machte. Aber das meine Verhaltensmuster etwas ungewöhnlich waren, darauf wäre ich nie gekommen.

[Nein, der leicht durchklingende Zynismus ist nicht wirklich böse gemeint. Aber so ein rückwirkender Tritt in den Allerwertesten, das brauche ich hin und wieder um wach zu bleiben, aufmerksam, bewusst, vorsichtig. Ich kenne meine Schwachstellen und „blinden Flecken". Nachdem in uns nichts endgültig gelöscht werden kann, sind auch meine „alten Muster" noch immer da, wenn gleich auch inaktiv. Damit sie das auch bleiben, halte ich die Augen offen.]

Einige Wochen nach diesem Crash kehrte ich in den gewohnten Arbeitsprozess zurück und gab gleich mal so richtig Gas. Die nächste Ausbildung, Theorie und Praxis nebenbei, selbständige Tätigkeit, Kindererziehung, Sport im Leistungsbereich. Zum drüber streuen noch ein paar Hobbies und natürlich auch noch meine Beziehung. Geht noch mehr?

Diesen Kurs fuhr ich bis zum 20. Mai 2013. Das war der Pfingstmontag. Wir waren am Tag zuvor von einem Urlaub in den Bergen zurückgekommen. Im Grunde hätte ich erholt und entspannt sein sollen. War ich aber nicht, denn dort hatte mich schon eine Frage beschäftigt, die ich als Omen verstehen hätte können: Wie bringt man einen Frontsoldaten, der überlebt hatte und nun im Heimaturlaub war, dazu, an die Front zurückzukehren? Erkennen Sie die Symbolik? Mein Unterbewusstsein schrie förmlich schon: Es ist genug! Aber ich wollte und konnte es nicht hören. Wie denn auch? Meine eigenen Bedürfnisse zu ignorieren hatte ich ausreichend kultiviert. Leistung zu bringen bedeutet Anerkennung zu bekommen, meine Sucht danach ein wenig zu stillen. Mein Selbstwert generierte sich aus dem, was ich erreicht hatte. Aufhören? Kein Gedanke! Mein Ego trieb mich weiter und weiter.

Grundsätzlich sind Leistungsbereitschaft, Ausdauer und ein starker Wille durchaus positiv. Aber bei mir, die ich meine eigenen Grenzen nicht wahrnehmen konnte, die nicht spüren konnte, wann es genug oder zu viel war, verwandelten sie sich auf fatale Weise in etwas Zerstörerisches.

An diesem 20. Mai 2013 stand ich in meiner Küche, hielt ein großes Küchenmesser in der Hand und spielte in Gedanken die Szene durch, dass ein Schnitt in den Arm genügen müsste, um am nächsten Tag nicht mehr zur Arbeit gehen zu müssen. Dann legte ich das Messer zur Seite, stand am nächsten Morgen auf, ging an meinem Auto vorbei in den Wald, lief dort ungefähr eine Stunde ziellos durch die Gegend während die widersprüchlichsten Gedanken durch meinen Kopf kreisten (von Pflichterfüllung bis hin zu Selbstschutz), fuhr anschließend zu meinem Arzt und sagte: Ich habe ein

Problem. An diesem 20. Mai 2013 stellte ich eine Weiche auf meinem Weg um.

Zu jener Zeit unterhielt ich einen Blog, den wohl niemand außer mir je gelesen hat. Der Titel war „Philosopherl – die Mit-Denker-WG“ und die Beiträge wurden von mir im Namen dreier fiktiver Personen verfasst: Philosopherl (nomen est omen), Burnie Ash (Management-Fossil, bitterböse bis zynisch) und The Jester (der Hofnarr, der frank und frei zu allem seine Kommentare ablieferte).

Hier zwei Beiträge rund um diesen 20. Mai 2013, die – aus heutiger Sicht – Bände sprechen:

Paralleluniversum & Scheiterhaufen

Publiziert am 13. April 2013 von Burnie Ash

Es gibt so eigenartige Wochen, da tauche ich am Montagmorgen mit dem ersten Anruf (meist eine mittlere Katastrophe) ein in ein Paralleluniversum. Und wenn ich das nächste Mal den Kopf hebe, um zu schauen, wo ich denn bin – ist es Freitag, die Woche vorüber und ich bin mir nicht mehr sicher, ob ich überhaupt gelebt habe.

Eines habe ich ganz sicher: eine Unmenge gearbeitet, Probleme gelöst, Drachen gebändigt ... aber gelebt? Wenn, dann jedenfalls nicht mein Leben. Das Leben anderer – Ja. Gelebt für die Firma – Ja. Gelebt für den Job – Ja.

Und wo bleibe ich?

Spätestens wenn Dir diese Gedanken vertraut vorkommen, solltest Du anfangen über dein Leben nachzudenken. Und zu handeln. Der Scheiterhaufen ist bereits aufgetürmt. Ein Funke genügt und alles brennt lichterloh. Aber diesmal nicht in einem Paralleluniversum.

Drachen, Feuer, Paralleluniversen ... ich schrieb mir selbst eine Warnung und habe sie ignoriert.

Z wie ... Zynismus

Publiziert am 21. Juli 2013 von Burnie Ash

Geht der Sinn dir einmal flöten,
bist du bald in Nöten,
Zynismus gibt dem Leben Würze,
wird zum Partner dir in Kürze.

Der fehlende Sinn – also Sinn-Losigkeit – ist allgegenwärtig. Mal abgesehen davon, dass wir wider besseren Wissens unseren Lebensraum zerstören (aber dafür immer gute Argumente finden wie z.B. Arbeitsplätze, Wirtschaftswachstum ...), oder lieber endlos debattieren statt anzupacken (das können Politiker richtig gut), oder der wohlgenährte Teil der Erdbevölkerung immer mehr den sich pandemisch ausweitenden Zivilisationskrankheiten (=Wohlstands-Krankheiten –> Wohlstand macht also krank) zum Opfer fällt, während der andere Teil der Erdbevölkerung am Mangel leidet ...

... während sich also der Sinn dieser (und vieler weiterer Fälle) dem Verständnis eines (Nach-)Denkers entzieht, zeigen sich parallel die unerschöpflichen Einsatzmöglichkeiten von gepflegtem Zynismus. Zynismus macht (vordergründig) erträglich, woran die Seele krankt. Viktor Frankl sagte einst: "Der Seele Heimat ist der Sinn". Wenn dem so ist, haben unsere Seelen nicht mehr viel Heimat auf diesem Planeten. Und vielleicht ist das genau der Grund, warum so viele Menschen (vor allem in der "1. Welt") erkranken, leiden, an Körper, Geist und Seele ... es fehlt der Sinn!

Zynismus vermag diesen Mangel nicht auszugleichen.

Zynismus ist wie eine Krücke. Sie hilft zu gehen, doch sie heilt nicht.

Zynismus ist eine Art Eindämmungsfeld, welches die Wut über die Sinnlosigkeit zurückdrängt, ein loderndes Feuer einkesselt.

Zynismus ist eine fatale (und unechte) Überlebensstrategie.

Eine Zeit lang mag Zynismus helfen, doch früher oder später bahnt sich das Feuer seinen Weg, bricht die Wut (in unterschiedlichsten Formen) durch. Ein verzehrendes Feuer ... nicht mehr zu kontrollieren ... das sich gegen den richtet, der es erschaffen hat ... ein unersättlicher Energiefresser ... manche nennen das dann Burnout.

Wut, Feuer, Sinnlosigkeit ... so düster konnte meine Dunkelheit sein.

Im Sinne von Ausgewogenheit, stelle ich nun auch einen Text von Philosopherl aus jener Zeit dazu – auch um meine damalige Widersprüchlichkeit aufzuzeigen:

F wie … Freude

Publiziert am 26. Juli 2013 von philosopherl

Freude ist bedingungslos.
Freude ist unabhängig von Dingen, Menschen oder Orten.
Freude braucht keine äußeren oder inneren Erfüllungsbedingungen.

Freude ist im Hier und Jetzt – niemals in der Vergangenheit.
Freude ist … ohne Wenn und Aber.
Freude bedeutet Sein.

Freude kann nicht nebenbei existieren, sich ihren Platz mit Angst, Wut oder irgendeiner anderen Emotion teilen.
Freude ist total, absolut, 100%.
Freude ist die Verbindung mit sich selbst, der Schöpfung, widerspruchslos, Annahme und Hingabe.

Freude ist tief in jedem Menschen, doch viele haben das vergessen. Ihre Empfindungen sind nur mehr Schatten der wahren Freude – und auch dieser Schatten lebt in Abhängigkeit von Erfüllungsbedingungen.

Freude kann nicht neben dem Ego existieren. Das Ego wertet, vergleicht, teilt unsere Welt in Gut und Schlecht, trennt uns von unserem wahren Sein – und hilft uns innerhalb unserer Gesellschaft und der von ihr

geschaffenen Welt zu überleben.
Das Ego ist eine von uns geschaffene Illusion.
Freude ist unser wahres Sein.

Ein Augenblick der Freude ist zeitlos, grenzenlos ... frei.

Freude ist in uns, immer und überall. Es gilt nur sich daran zu erinnern und aufzuhören, etwas anderes zu sein. Es gibt nichts zu lehren oder zu lernen.
Freude ist - wenn wir sie nicht daran hindern - unser natürlicher Zustand.

Wieder einmal in meinem Leben wechselte ich zwischen den Rollen, war in jeder davon absolut authentisch, denn jede von ihnen ist ein Teil meiner Persönlichkeit, aber eben nur ein Teil. Alle zusammen ergeben mein ICH – aber das war mir zu diesem Zeitpunkt nicht bewusst. Stattdessen unternahm ich erhebliche Anstrengungen, um herauszufinden, wer von diesen Teilen ich war.

3.9. Auf der Achterbahn der Emotionen

Bei all dem, was Sie nun über mich wissen, brauche ich wohl nicht mehr zu erwähnen, dass ich alles andere als eine ausgeglichene, in sich ruhende Persönlichkeit war. Obwohl es mir selbst nicht bewusst war, unterlag ich heftigen Stimmungsschwankungen. Oder wie mein Partner es auch heute noch manchmal formuliert: Ich sprang von einer Stimmung in die nächste, ohne Anlauf, nicht nachvollziehbar. Ich war definitiv anstrengend für ihn, denn diesem Kurs konnte so leicht niemand folgen, der nicht wie ich war.

Meine Emotionen glichen die meiste Zeit über Wellen auf dem Ozean, die von einem Sturm aufgepeitscht und durcheinandergewirbelt wurden. Die Wellenkrone oben auf war jeweils die Stimmung, die im Moment sichtbar und fühlbar war. Alles andere blieb unter der Oberfläche verborgen, doch es brodelte in mir und verlangte danach, sich Raum und Gehör zu verschaffen. Was ich verbal nicht zum Ausdruck bringen konnte, fasste ich in geschriebene Worte. ICH existiere in Form von Buchstaben, als Botschaft zwischen den Zeilen. Schreiben wurde für mich zu der Reflexionsoberfläche, die ein herkömmlicher Spiegel nicht sein konnte, weil das Bild darin (noch) fremd und entkoppelt von mir war. Mein ICH suchte einen Weg, mit mir zu kommunizieren, und obwohl ich bis vor wenigen Wochen noch felsenfest davon überzeugt war, im Laufe meines Lebens nur wenig aufgeschrieben zu haben, stelle ich wieder einmal fest, einer Selbsttäuschung zu unterliegen, denn ich fand und finde laufend Texte wieder – und staune immer noch darüber, wie lange ich gebraucht habe, um mich selbst zu verstehen, obwohl die Antworten die ganze Zeit über quasi vor meiner (Drachen-)Nase lagen.

Hier ein paar Beispiele, wie unterschiedlich mein ICH seine Botschaften verpackte:

Auf den Schwingen des Adlers

Die nachfolgenden Zeilen wurden niedergeschrieben am 27.12.95 um 23.45 Uhr in einem Anflug von Übermut, von Lebenslust und Freude.

Nicht frei ist, wer nicht wie des Adlers Schwinge fühlt …

Es gab Zeiten, da war mein Herz hinter Mauern aus Angst verborgen, und nur die Worte aus dieser Feder konnten dem Gefängnis entrinnen. Ich war gefangen.

Es gab Zeiten, da waren die Worte verstummt, das Herz gebrochen, die Feder vertrocknet. Ich war gefangen.

Es gab eine Zeit, da kehrten die Worte wieder, zerstörten die Mauern, die Feder focht gegen unsichtbare Dämonen. Jedes Wort auf diesem Papier wurde niedergeschrieben gleich Nägeln, die von schweren Hämmern in Eichenholz getrieben wurden, um dort auf ewig zu bleiben. Jedes Wort ist ein Stein aus der Mauer, für immer an das Papier gefesselt, für immer von mir genommen. Ich bin nun nicht länger gefangen.

Doch wer könnte von sich sagen die Freiheit zu kennen, der nicht weiß, wie des Adlers Schwinge fühlt hoch am Firmament, wenn die Winde sich an ihr brechen, wenn Thermik und Strömung ihr Auftrieb geben hoch hinauf zu steigen, wenn Zartheit und Schönheit den Gewalten der Stürme widerstehen.

Wer ist frei, der nicht weiß, wie der Mäuse Barthaar fühlt, wenn sie durch dunkle Gänge hetzt, verfolgt von den glühenden Augen der Katze dem Tode gewiss und doch unerreichbar für des Jägers Krallen, geboren im Schutze der Schlauheit, wissend, wo die Gefahr lauert und ihr entgeht.

Nicht frei ist, wer nicht der Wolken Reisen kennt, gesehen, was sie gesehen, gewesen, wo sie gewesen, im Geiste mit ihnen die Welt umrundet hat und doch zuhause blieb, wer nicht als Regentropfen vom Himmel fiel um über Bäche und Flüsse zum Meer zu gelangen, um durch der Fische Kiemen und der Stürme Wellen zu reisen, um zu den Wolken emporzusteigen.

Wer kann frei sein, der nicht den Gang der Zeit bestimmt, den Lauf der Dinge kontrolliert, Gestern im Heute und Morgen im jetzt erscheint, Dinge zu tun die waren – oder auch nicht – oder sein werden?

Nicht frei ist, wer nicht das Leben lebt wie ihm gegeben, sich zu verstecken hat wenig Sinn, wenn das Versteck nur ein unsichtbarer Mantel ist und dahinter lauert was davor ist?

Wer kann frei sein, wenn er es nicht will?

Nicht frei ich kann sein, wenn mein Herz ich verstecken muss,

nicht frei ich bin, wenn ich ICH nicht bin.

Nicht frei, wenn ich nicht wie des Adlers Schwinge fühl' ...

Jänner 2013: Wir können lange, sehr lange verstecken, wer wir sind. Doch es wird immer Momente geben, da sich die "Wahrheit" ihren Weg an die Oberfläche bahnt – so geschehen im Dezember 1995.

Die Freiheit, im Geist zu sein wer wir sind, ist wohl jene Freiheit, die uns niemand nimmt – und die wir dennoch aufgeben, Tag für Tag, um zu sein, wer wir nicht sind. Dann leben wir. Doch LEBENDIG sind wir erst, wenn wir der Lebenslust in uns Raum geben.

Erkennen Sie meinen beständigen Ruf nach dem ICH? All die Texte, die zwischen 1988 und heute entstanden. Ein Thema drängte stets in den Vordergrund, die Suche nach dem ICH, das sich vor dieser Welt verborgen hielt. Mein Unterbewusstsein schubste, doch ich reagierte (noch) nicht.

Konsequent lernresistent?

Publiziert am 2. Januar 2013 von The Jester

Während Philosopherl sich sehr selbstreflektiert gibt, sehe ich den Nutzen dieses Blogs weitaus pragmatischer: Seit mehreren tausend Jahren wandelten und wandeln weise Menschen über diesen Planeten, schreiben ihre Lehren nieder oder gaben sie an ihre Schüler weiter. Und wohin hat uns das geführt? Wir schlagen uns nach wie vor mit denselben Themen/Problemen herum, wie unsere Vorfahren (wenn auch in anderer Erscheinungsform): Konflikte, Kriege, Beziehungsprobleme, Krankheiten, Neid, Machtgier/-missbrauch, Gewalt ...

Mal ehrlich, die Menschheit ist offenbar konsequent lernresistent. Oder dieses Wissen kann nicht durch die beschränkten Möglichkeiten von Worten, Bildern etc. übermittelt werden. Oder beides?
Also, wir haben den technischen Fortschritt bis ins Weltall getrieben, aber es noch nicht geschafft, einander zu tolerieren, sondern schlagen uns immer noch gegenseitig die Köpfe ein (stets mit neuen gut klingen-

den Begründungen). Wir klonen, aber leider nicht positive Gedanken, sondern eher das Wetteifern um Statussymbole. Und wenn ich mir Scheidungsraten und Missbrauchszahlen anschaue, will ich gar nicht weiterdenken.

Was hat die Menschheit eigentlich (und wirklich) gelernt? Nichts? Oder ist auch hier der Weg (sprich: der ewige Lernprozess) das Ziel?

Wissenschaftler stellen die Frage nach dem WIE, Philosophen nach dem WARUM. Ich frage mal so: WELCHEN Holzhammer braucht es dafür?

Das Leben könnte so schön einfach, ruhig, beschaulich, langweilig, … sein. Wird's aber nicht. Ernüchterung pur. Wir leben in einer dualen Welt und nehmen diese ausschließlich über die Dualität wahr. Wäre alles rosa, rund und heile Welt, wäre es nicht mehr unsere Welt. Zwischenmenschliches Hickhack und emotionale Hochschaubahnen sind das Leben. Schieben wir die Illusion von der heilen Welt beiseite.

Die Frage darf nicht lauten, ob wir (also die Menschheit) unsere Lernaufgaben ein für alle Mal abschließen können, sondern auf welchem Schauplatz wir sie am besten meistern. Konflikte lösen lernen im Zoff mit anderen oder mit seinem eigenen Schatten (dem inneren Schweinehund, dem Ego …)?

Theoretisch (und auch praktisch – erfordert aber Überwindung, Disziplin …) wäre das möglich. Erspart bleibt es keinem zu lernen (ja, dies sind reine Generalisierung und meine volle Überzeugung – das Leben spiegelt es jeden Tag aufs Neue).

Also bleibt zu klären, wie viel Schaden wir jeweils dabei anrichten und an wem?

Konsequent lernresistent zu sein (bezogen auf die Menschheit insgesamt) hat durchaus etwas Gutes, weil so jeder von uns in den Genuss der Lernerfahrung kommen kann (darf, soll, muss ...). Bezogen auf die Einzelperson kann es jedoch mühsam bis Nerv tötend sein.

Und wenn Lernen anhand der Anleitungen anderer offenbar sooo schwierig ist, dann wird halt das Rad x-mal neu erfunden. Was soll's? Wir haben ja nichts anderes zu tun im Leben, oder?

Wenn du den Krieg nicht vermeiden kannst, dann rüste dich zeitgerecht dafür. Und suche dir das passende Schlachtfeld.

Wenn du die Lehren des Lebens nicht vermeiden kannst, dann bereite dich rechtzeitig darauf vor. Und such den passenden Schauplatz dafür.

Naja, und wenn einer dieser Schauplätze dieser Blog ist – warum nicht?

[Ein wenig bitter-böse, nicht wahr? Natürlich richtete sich die kaum verhohlene Anklage weniger gegen die Welt als gegen mich selbst. Ein Spiegel mehr, den ich übersah.]

Der Schauplatz für die Lehren des Lebens – das sollte letztendlich ab Oktober 2017 tatsächlich eine Geschichte für mich werden: JAN/A – eine [nicht] ganz alltägliche Liebesgeschichte. Doch bevor wir uns ihr zuwenden, noch eine kurze Reflexion …

4. DER TAG, AN DEM ICH BEGANN, HINTER DEN SPIEGEL ZU BLICKEN …

… das war definitiv der 20. Mai 2013. Ich klinkte mich von meiner gewohnten Welt aus, suchte mir einen Psychotherapeuten, den ich NICHT mit meinen „Spielchen“ und meinem mittlerweile ziemlich umfangreichen Wissen über die Materie in meinem Sinne täuschen konnte. Ja, zugegeben, auch das hatte ich in der Vergangenheit getan, quasi den Therapieprozess in meinem Sinne dorthin zu steuern, wo ich hinwollte – also möglichst nicht wirklich dorthin schauen, wo's weh tat – wo aber die Lösung möglich gewesen wäre. Jahrelang hatte ich auch in diesem Bereich aktiv Selbsttäuschung betrieben. Ich ging immer nur so weit, wie ich gehen wollte – oder was mein noch sehr zorniges inneres Kind (oder mein Dämon) zu lassen wollte. Es heißt, das Unterbewusstsein lässt nur das an die Oberfläche des Bewusstseins, was man in dem Augenblick aushalten kann. Vielleicht war diese „Lernverweigerung“ auch schlichtweg Selbstschutz. Ich weiß es nicht, ich weiß nur, dass ich zwar rational viel analysierte und verstand, aber sich nichts änderte – bis zum 20. Mai 2013.

Erstmals ging ich einen Schritt weiter, war bereit, hinter den Spiegel zu blicken, mich selbst als Verursacherin meines Lebens anzuerkennen, anstatt die Verantwortung weiterhin ins außen zu schieben und in der Opferrolle zu verharren. Was auch immer mir in meinem früheren Leben widerfahren war, es war vorbei und ich hatte überlebt. Nun stand ich vor der Wahl: weiterhin darunter leiden oder endlich lösen? Erschwerend – oder motivierend für mich kam hinzu, dass mein Sohn damals eine sehr schwierige Zeit durchlebte. Für mich war klar: Entweder, ich gehe das Problem jetzt wirklich an und verändere etwas, für uns beide – oder wir fahren an die Wand – beide.

Damals kombinierte ich Psychotherapie mit energetischer Arbeit, Rückzug aus dem gewohnten Umfeld und sehr viel Reflexion. Oder anders formuliert: Ich begann, in meinem Leben aufzuräumen, mich von Menschen fernzuhalten, die ich zwar auch schon vorher als belastend wahrgenommen hatte, aber um des Anstandes Willen, der guten Sitten, der gesellschaftlichen Konventionen ... blieb ich dann doch in ihrem Umfeld. Damit war nun Schluss. Ich verbrachte viel Zeit alleine, auch in der Natur, erlebte erstmals, das Alleinsein mir Ruhe vermitteln konnte, dass es nichts brauchte, keine ständige Beschäftigung in irgendeiner Form, keine Reibung an anderen, einfach nur mich selbst, um zu sein. Allmählich begann ich, auf der Verstandesebene Grenzen zu setzen, die für mich stimmig waren, Belastendes draußen zu lassen, Angenehmes zu zulassen. Dieser Prozess dauerte Monate, eigentlich Jahre, genau genommen bis Oktober 2017.

Zwischendurch gab es auch Erlebnisse der weniger erfreulichen Art. Meine beharrliche Verweigerung, Psychopharmaka einzunehmen zum Beispiel. Dies ist ausdrücklich KEINE Empfehlung es mir gleich zu tun, sondern meine persönliche Meinung und Entscheidung! Aber weil ich mich bewusst mit meinem Problem (oder meinem Dämon) befassen wollte, ohne neuerliche „Fremdbeeinflussung" (also medikamentösen Eingriffen in mein Bewusstsein) – und wie schon erwähnt: ich mag zwar Andeutungen gemacht haben, aber ich war nie wirklich suizidgefährdet, vielmehr waren es Hilferufe nach Aufmerksamkeit, Nähe, Anerkennung – nahm ich keine bunten Pillen ein, weshalb mich auch ein Nervenarzt vor die Tür setzte, mit dem zynischen Kommentar: Ich wünsche Ihnen noch ein schönes Leben. Dieser Nervenarzt kann sich glücklich schätzen, dass ich damals wütend wurde und nicht depressiv. Jedenfalls wurde mir klar, dass auch sogenannte Spezialisten mitunter nur Menschen sind, die mit einer Situation einfach überfordert sein können.

[Ja, ein wenig beschönigen darf ich meine Meinung diesbezüglich. Ich könnte natürlich auch schreiben, dass ich ihn für einen empathielosen Idioten hielt, der in seinem Ego gekränkt war, weil ich der Weisung seines fachmännischen Rates nicht Folge leistete und der sich vielleicht selbst Hilfe suchen sollte, insbesondere im kommunikativen Bereich, – ABER es könnte auch so sein, dass er wieder nur ein Spiegel für mich war. Schließlich beschäftigte ich mich damals sehr intensiv mit dem Ego. Letztendlich könnte es auch eine paradoxe Intervention gewesen sein, und er wollte genau das erreichen: mich in meine Selbstverantwortung schubsen. Wer weiß das schon? Im Nachhinein betrachtet hatte es mich jedenfalls wieder ein Stück darin weitergebracht, auf mich selbst zu vertrauen.]

Drei Monate nach meinem Crash, im Oktober 2013 kehrte ich ins Berufsleben zurück. Ähnlicher Job wie zuvor, anderes Umfeld – und diesmal eines, das mich so annehmen konnte, wie ich war. Oder ich hatte zwischenzeitlich gelernt, mich selbst zu großen Teilen anzunehmen – zumindest rational, was das neue Umfeld spiegelte. Wichtiger als die exakte Bestimmung der Ursache war die Wirkung. Etwas unterkühlt – oder emotional distanziert – war ich damals schon noch, aber im Projektmanagement kann das mitunter nützlich sein, klar und rational denken zu können, egal was rundum passiert.

[Aus jener Zeit haftet mir immer noch der Ruf der Spezialisten für Strukturen, Controlling und Projektsteuerung an. Irgendwie finde ich das nach wie vor amüsant, wie gut ich darin war und bin, mein Umfeld zu täuschen. All die Zerrissenheit, das emotionale Chaos, die Ängste und Unsicherheit, mein destruktives Selbstbild – kaum jemand ahnte auch nur etwas davon.]

Nach kurzer Zeit konnte ich mich im neuen Job so richtig austoben, im Bereich von Problemlösungen und Strukturaufbau. Mit meinem „Lebenslauf" war ich dafür prädestiniert. Situationen analysieren, dahinterliegende Systeme erkennen und die notwendigen Schritte definieren … das hatte ich mein ganzes Leben lang getan – um zu überleben, um meine Rolle spielen zu können. Ich war und bin gut darin!

Nur mit dem „Befindlichkeiten-Management" wollte es noch nicht so ganz klappen. Anders formuliert: Nicht nachvollziehbare Emotionalität, soziale Bedürfnisse und wie man damit umgehen konnte, waren für mich immer noch ein Buch mit sieben Siegeln. Plötzlich stand ich an der Spitze eines Teams, das mehr brauchte als nur Ablaufpläne, Prozessbeschreibungen und Dokumentationsrichtlinien. Zwischenmenschliche Themen wahrzunehmen, wie etwa das Bedürfnis nach Anerkennung oder Belastung von Überlastung zu unterscheiden, blieb eine Herausforderung, die ich mit einer geschickten Auswahl an Mitarbeiterinnen in der Teamkonstellation kompensierte. Und ich lernte weiterhin. In dem ich Verantwortung für andere übernahm, achtete ich auch mehr auf mich selbst.

[Ein klein wenig spielte hier mein Ego ausnahmsweise mal den unterstützenden Part, da außer mir niemand da war, um das in Schieflage geratene Projekt wieder auf Kurs zu bringen. Ich wurde also gebraucht und erhielt die entsprechende Anerkennung.]

In meinen privaten Beziehungen zeigte sich zwar eine positive Tendenz, dennoch blieb es ein Auf und Ab. Noch hatte ich nur verstanden, nichts gelöst oder besser gesagt: die entkoppelten Teile meiner Persönlichkeit und meiner Gefühlswelt wieder mit mir verbunden. Aber dieses Verständnis und die Übernahme der Verantwortung waren die ersten, die essentiellen Schritte, ohne die ich aus meiner Sicht niemals ans Ziel gekommen wäre: meine eigene Welt zu verstehen, die Balance zwischen ihr und der realen Welt zu finden, unterscheiden zu lernen, wann ich mich (geistig) in welcher befand, wie ich wechseln konnte, wo ich mich zurückziehen und neue Energie tanken konnte, mich selbst finden und die ewige Suche nach dem ICH zu beenden ... oder wie ich es im Alter von ungefähr 20 Jahren definierte: **einen Weg zu finden, um mit mir selbst und der Welt im Einklang zu leben.**

… und so ganz nebenbei entdeckte ich auf diesem Weg, was ich noch alles „verloren“ hatte.

Glauben Sie an Wunder? Ich tue es mittlerweile.

Es gibt noch Wunder

*Hast du dich je gefragt, warum wir einen Sonnenauf-
gang erleben dürfen?
Warum auf den Winter der Frühling folgt?
Warum die Sterne am Himmel erstrahlen?
Dinge, die du oft erlebt, aber deren Sinn und Schönheit
du nie erfahren hast.
Nimm es nicht als gegeben,
geh nicht unbedacht daran vorüber,
es sind Wunder, derer wir dankbar sein sollten,
denn es könnte der Tag kommen,
an dem die Nacht nicht geht,
der Frühling nicht kommt
und die Sterne verblassen.*

*Hast du dich je gefragt, warum der Adler sich in die
Lüfte erhebt?
Warum unter tausend Blüten eine jede anders ist?
Warum die Natur uns leben lässt?
Dinge, die du oft gesehen hast, aber deren Einzigartig-
keit du nie wahrgenommen hast.*

Nimm es nicht als gegeben,
sieh nicht unbedacht daran vorbei,
es sind Wunder, derer wir uns bewusst sein sollten,
denn es könnte der Tag kommen,
da die Luft leer,
die Blüten verwelkt
und wir nicht mehr da sind.

Hast du dich je gefragt, warum es Freundschaft gibt?
Warum Menschen da sind, wenn du sie brauchst?
Warum Alleinsein nicht gleich Einsamkeit ist?
Dinge, die dir nicht fremd, aber manchmal unverständlich sind.
Nimm sie nicht als gegeben,
lass sie nicht unbedacht vorüberziehen,
es sind Wunder, die dir widerfahren,
und es könnte der Tag kommen,
da du Freunde brauchst,
sie jedoch den Weg vorausgegangen sind
und du einsam bist.

Hast du dich je gefragt, warum ein Kind erwachsen wird und vergisst,
ein Kind gewesen zu sein?
Warum wir Geborgenheit so sehr suchen?
Warum es so schwer fällt zu vertrauen?
Dinge, die du kennst und die du selbst erfahren hast,
nimm sie nicht als gegeben,
lass sie an dir vorüberziehen,
es gibt noch Wunder, glaube mir,
denn es wird der Tag kommen,
an dem du dich erinnerst,

du wirst finden, was du suchst
und es wird ganz einfach geschehen,
wie ein Wunder.

Hast du dich je gefragt, was Liebe ist – wenn nicht ein Wunder?
Wenn nicht das größte Wunder überhaupt?

(1996)

5. EINE PARALLELE WELT MITTEN IM HIER UND JETZT

Wie etwas schildern, dass in seiner Art individuell und somit einzigartig ist? Für das es keine allgemein gültigen Parameter oder Vorstellungen gibt. Unter dem Begriff „Paradies“ stellen sich die meisten Menschen etwas angenehmes vor, möglicherweise einen Garten Eden mit prächtigen Bäumen, die sich sanft im Wind wiegen, blühende Wiesen, die von leise plätschernden Bächen durchzogen sind und über die eine sanfte Brise den Duft der unzähligen Blüten durch die von der Sonne erwärmte Luft bis zu ihnen trägt – ein Spielplatz des Lebens, voller Lebendigkeit und Fülle ... aber eine „parallele Welt“? Welche Vorstellungen verbergen sich dahinter für Sie? Oder mich? Vermutlich nicht dieselben – so viel ist sicher. Nähern wir uns dem Thema in Schritten.

Hier ein paar Gedanken, die erst wenige Monate zurückliegen:

19.12.2018

Wieder einmal im Frühverkehr Richtung Wien unterwegs. Routine. Täglich die gleiche Schiene. Es läuft wieder mal Ö3 im Radio. Diesmal ein Bericht zur Aktion Weihnachtswunder, die Geschichte eines Familienvaters, der vor zwei Jahren überraschend seine Frau verloren hat und wie er damit umgegangen ist, von quasi jetzt auf gleich einen Menschen zu verlieren, den er liebt. Was er sich zu Weihnachten wünscht? Das, was nicht erfüllt werden kann: noch einen Tag mit seiner

Frau. Bei seinen Worten schnürt es mir die Kehle zu und ich merke, wie Tränen sich ihren Weg zu bahnen versuchen. Ich habe nicht geweint, als mein Vater starb, meine Großmutter – nichts gefühlt. Und jetzt? Warum jetzt? Weil ich mir solche Gefühle nur erlaube, wenn ich alleine bin. Ich bin nicht unfähig zu fühlen, ich kann es nur nicht immer und überall zulassen, am wenigsten unter Menschen, zu denen ich eine emotionale Verbindung (gleich welcher Art) habe. Als wären Gefühle etwas, dessen man sich schämen müsste, die zu verstecken sind, weil sie falsch, verboten oder unangebracht sind? Der Tod eines nahestehenden Menschen scheint mich nicht zu berühren. Gleichzeitig heule ich im Kino sogar bei Zeichentrickfilmen. Was ist nur mit mir geschehen, dass ich auf diese Weise „funktioniere“? Und wie sollen andere das je verstehen? Mich verstehen?

Durch diese Welt zu gehen und doch nicht in ihr zu leben – wie sollte das jemand verstehen? Jahrelang habe ich mit meinem Partner darüber diskutiert und versucht, ihm jene Informationen zu geben, anhand derer er hätte verstehen können ... Es hat nicht funktioniert. Es konnte gar nicht funktionieren, weil im Hintergrund kein einfaches „Wenn-dann“-Programm lief. Nahezu idente Situationen ergaben nicht zwangsläufig ähnliche Reaktionen. Im Gegenteil, fallweise waren sie eher diametral. Ein Ereignis, dass an einem Tag belastend sein konnte und einen Absturz nach sich zog, war an einem anderen Tag belanglos. Mal reagierte ich so, das nächste Mal anders. Das konnte niemand nachvollziehen, der nicht ähnlich getaktet war: unkalkulierbar, unberechenbar, unplanbar, unverständlich. Ich war die ewige Variable X. Aber wie hätte ich etwas anderes sein können, wenn ich doch keinen Bezug dazu hatte, wer ich wirklich war? Wie bei allen Menschen bestand und besteht auch meine Persönlichkeit aus verschiedenen Facetten (oder Anteilen), von denen ich mal die einen, mal die anderen lebte. Nur das Gesamtkonzept dahinter – mein ICH - blieb mir verborgen.

Wie eine Schauspielerin wechselte ich von einer Rolle in die nächste, ohne in einer davon oder der Gesamtheit dahinter verankert zu sein, weshalb es sich für mich „leer" anfühlte, wie eine Lüge. Phasenweise entkoppelt von der Realität rundum, zumeist entkoppelt von Teilen der eigenen Persönlichkeit. Nach wie vor erstaunt es mich, wie unsere Beziehung diese Jahre bzw. Jahrzehnte der immer wieder kehrenden Krisen überstanden hat.

Vor einigen Tagen, als wir das Thema wieder einmal diskutierten, versuchte ich mit folgender Metapher das nur schwer verständliche nachvollziehbar zu machen: Stellen Sie sich vor, ich würde mein Bild auf einen Spiegel malen, und diesen dann zu Boden werfen. Der Spiegel zerbräche in tausend Teile, ein jeder davon würde einen Teil von mir zeigen, aber eben nur einen Teil. Oberhalb ziehen Wolken über den Himmel, so dass die Strahlen der Sonne nicht alle Teile zeitgleich treffen, sondern nur vereinzelt mal diese, mal andere. Jene Teile des Spiegels, die von den Sonnenstrahlen berührt werden, stehen durch das Licht mit meinem Bewusstsein in Verbindung. Das bin dann ICH, zu diesem Zeitpunkt. Doch so wie die Wolken wandern, verändert sich auch der Bereich, auf den die Sonnenstrahlen auf die Spiegelscherben treffen. Ein steter Wandel. Mal sind die einen, mal die anderen mit mir verbunden (oder an mich gekoppelt). Mal sind es mehr, mal weniger Wolken.

Würde ein Wind alle Wolken vom Himmel (oder dem Ereignishorizont des Bewusstseins) vertreiben, könnten alle Teile vom Sonnenlicht erreicht (oder erleuchtet ☺) werden, was einem ganzheitlichen Bewusstsein gleichkommt – oder 100% ICH-sein.

Mit den Gefühlen verhält es sich bei mir ähnlich. Sie sind alle da, immer, nur die Verbindung ist „gestört". Als wäre ein Kabel nicht fest genug justiert, oder das Netzwerk gerade überlastet. Oder eine Sicherung durchgeschmort. Was auch immer es ist oder war, ich konnte es für mich beheben, ABER ich muss dazu unbedingt noch erwähnen, dass es nach wie vor ziemlich herausfordernd ist, mich nach jahrelanger Abstinenz meinen Emotionen zu stellen. Mitunter ist es ziemlich anstrengend, sie auszuhalten, vor allem jene, die ich früher nur zu gerne ausblendete: die Hoffnungslosigkeit angesichts unveränderbarer Umstände, die Wut über blinde Ignoranz und Vorurteile jenen gegenüber, die nicht „normal" sind ...

[... „normal" bedeutet letztendlich nur „der Norm entsprechend", also dem Durchschnitt, und sagt somit nichts, denn meiner Ansicht nach ist kein Mensch „nur Durchschnitt". Wir sind Individuen und weichen immer von einem konstruierten Durchschnittswert ab. Und überhaupt - welche Werte werden denn für die Berech-

nung herangezogen? Wie können Individuen in ihrer Persönlichkeit erfasst werden? Wissenschaft vs. Philosophie: Ich habe mich für zweitere entschieden, denn sie lässt mich sein, wer ich bin und erlaubt mir darüber hinaus, mich damit gut zu fühlen, ich zu sein, weil letztendlich alles und jede/r in diesem Universum seine/ihre Berechtigung hat und niemand das Recht für sich in Anspruch nehmen darf, über andere zu urteilen, oder eine Norm festzulegen, wer wie zu sein hat.]

Dennoch möchte ich nie wieder auf meine emotionale Seite verzichten. Es macht einfach mehr Spaß, diese Welt nicht nur verstandesmäßig, sondern auch gefühlsmäßig zu erleben.

Wie ich das erreicht habe, das ist nun die wirklich wahre Geschichte von JAN/A.

Traumtänzerin

Ich träumte zu tanzen,
zu schweben,
schwerelos,
gleich einem Vogel hoch in den Lüften zu fliegen,
gleich einem Schmetterling im Wind zu treiben,
auf einem Sonnenstrahl zu reisen,
von Licht durchflutet, durchdrungen,
das Licht zu atmen,
in Wärme aufgelöst zu schweben.

Ich träumte zu tanzen,
unbeweglich – geborgen in deiner Umarmung,
nur deine Berührung, deine Wärme zu spüren,
mein Herz schien schwerelos gleich einem Schmetter-
ling,
frei, gleich einem Vogel,
kein Schatten trübte das Licht,
ich träumte zu tanzen,
in deinen Armen zu schweben,
lange noch,
nachdem ich längst erwachte.

(1996)

6. DIE WAHRE GESCHICHTE VON JAN/A – EINER [NICHT] GANZ ALLTÄGLICHEN LIEBESGESCHICHTE – DER WEG INS EIGENE ICH, INS EIGENE LEBEN ODER WIE ICH MEINEN DÄMON LIEBEN LERNTE

Kommen wir zum Kern dieser Geschichte, dem Kapitel, in dem ich beschreiben möchte, wie es mir gelang, meinen „Dämon“ zu zähmen, oder besser: mich in ihn zu verlieben.

Eines gleich vorweg: dies ist KEINE allgemein gültige Anleitung in der Art von „tuen Sie dies, und Sie werden geheilt, glücklich und zufrieden bis an ihr Lebensende“. Das gibt es nicht und wird es nie geben. Dazu sind die Thematiken von Borderliner/innen zu unterschiedlich, Menschen zu verschieden. Etwas so Komplexes wie ein BPS lässt sich nun einmal nicht über den Kamm scheren und mittels eines einzigen „Stein der Weisen“ lösen.

Nachdem Sie bisher erfahren haben, wie sich mein Leben vor JAN/A anfühlte, werde ich Ihnen nun erzählen, was ich getan habe und was sich durch JAN/A verändert hat. Im Vorfeld sollten Sie dazu wissen, dass ich im Verlauf von etlichen Jahren so manche Kompetenzen erworben habe, um mich – auch wenn es ungeplant geschah – einigen der Herausforderungen alleine stellen zu können. Selbstwahrnehmung und Reflexion, Veränderung von Einstellungen durch Techniken aus dem Mentaltraining, Modelling-Prozesse zur Verhaltungsveränderung ... ich habe so einiges erlernt auf meiner Suche nach einem Ausstieg von der Achterbahnfahrt. Das ich dabei stets an der entscheidenden Erkenntnis und dem damit verbundenen ultimativen Schritt vorbeikurvte – naja, rückblickend würde ich das liebevoll als „den Wald vor lauter Bäume nicht gesehen haben“ bezeichnen. Wie auch immer; sollten Sie also vorhaben, das eine oder andere der im folgenden erwähnten Vorgehensweisen für sich selbst ebenfalls anzuwenden, empfehlen ich Ihnen, sich eine kompetente Begleitung dafür zu sichern. Mein Entwicklungsprozess geschah ungeplant, unstrukturiert und aus dem Bauch heraus im freien Flug ohne Sicherungsleine. Ihrer darf gerne anders verlaufen.

[... und für alle, die es ganz genau wissen wollen: Reframing und Change History waren die am meisten von mir verwendeten Methoden. Korrekt nach Lehrbuch in der VAKOG-Sprache. Ein wenig Future Pace, wenn ich hin und wieder das Ende einer Sequenz vor dem Anfang schrieb. Ein linguistischer Flirt mit intensiven Bildern und Emotionen, ein wenig intrapersonelle Aufstellungs- und Trancearbeit ... natürlich alles ohne darüber nachzudenken. WAS ich getan hatte, wurde mir erst im Nachhinein bewusst. Aber so bin ich nun einmal. Das ist nicht das erste Mal, dass bei mir die Theorie der Praxis folgte ...]

Wollen wir also beginnen.

Im Oktober 2017 stand ich kurz vor meinem 3. Burnout. Ich hatte in den Monaten zuvor einerseits ein langjähriges Projekt mit einem erfolgreichen Team an einem Standort abgeschlossen und parallel dazu ein neues, größeres Projekt an einem anderen Standort mit einem überwiegend neu zusammengestellten Team aufgebaut. Im Alltag bedeutet das: vorhersehbares (Start-)Chaos, unvorhersehbare (Dauer-)Probleme, Leistungsdruck bis ans Limit ohne zeitlich planbare Deadline - Stress pur. Dazu kamen noch ein paar private Stressoren. Fertig war die toxische Überdosis an Belastungen. Wie meistens funktionierte ich (noch) bestens im erforderlichen Ausmaß. Das dies bereits mehr war, als für mich gesund, ist natürlich ein ganz anderes Thema.

Aus der Vergangenheit kannte ich die Anzeichen des näherkommenden Zusammenbruchs. Damals dachte ich mir: „Nicht schon wieder! Hast du denn gar nichts gelernt? Wieso bist du schon wieder an diesem Punkt? Wozu hast du all das Zeug studiert, dass dich davor schützen sollte, wieder in den Crash zu gehen?“ Diese (selbst gestellten) Fragen waren ziemlich frustrierend für mich. Hatte ich denn wirklich nichts gelernt? Diese Gedanken kreisten wohl auch am 13. Oktober 2017 durch meinen Kopf während ich gerade dabei war, Wäsche zu bügeln und mein Partner vor dem Fernseher saß und durch das Programm zappte. Er blieb an einer Serie hängen, die ich mir eigentlich gar nicht ansehen wollte, aber schließlich war ich auch mit Bügeln beschäftigt. Nun, ich blieb ebenso wie er hängen, auch über das Bügeln hinaus. Etwas faszinierte mich vom ersten Moment an dieser Serie, obwohl ich zuvor der felsenfesten Überzeugung war, sie würde zu jenen gehören, auf die ich ohne großes Bedauern verzichten konnte. Doch ich hatte wohl etwas voreilig geurteilt. Etwas in mir geriet in Bewegung, in Schwingung – wie eine Stimmgabel, die zu schwingen begann, weil jemand den passenden Ton angeschlagen hatte. Da war unvermittelt ein noch unpräziser Gedanke, mehr ein Gefühl, das mich einnahm: Was, wenn alles ganz anders ist?

[Für alle Neugierigen: Nein, ich verrate nicht, welche Serie es war. Dafür gibt es einen Grund, eine Art Wette mit mir selbst. Falls das darin enthaltene Ereignis jemals eintreten sollte, werde ich diesen Umstand und den Namen der Serie öffentlich kundtun.]

An diesem Tag entschied ich mich aus dem Nichts heraus, eine Geschichte über eine Frau zu schreiben, die sich in jenen Mann verliebt, den niemand zu lieben wagt, weil er ein Dämon ist. Gesagt, getan. Ich schnappte meinen Laptop und begann zu tippen. Wie schon eingangs erwähnt, hatte ich seit 2012 öfters versucht, zu schreiben, war aber jedes Mal an einer Art „Schreibblockade" gescheitert. Die Geschichten, die in meinem Kopf so wortreich formuliert auftauchten, fanden nicht ihren Weg über meine Hände in die Tasten. Im Oktober 2017 wurde auch dies anders.

Zuerst überlegte ich noch, die Geschichte ins antike Persien zu verlegen, weil ich gerade einiges über die alten Kulturen dort gelesen hatte, aber dann wurde es doch das Ägypten der Pharaonen. Ich hatte schon seit meiner Schulzeit ein Faible für Ägyptologie, die alten Griechen und das römische Imperium. Was lag also näher, als in meiner Fantasie dorthin zu reisen? Die männliche Hauptfigur erhielt den Namen „Sethos", der Sohn eines Pharaos, der aufgrund eines Fluches von einem Dämon besessen war und von allen gefürchtet wurde. Abgesehen von seinem Namen ist alles reine Fantasie, wenn auch mit tiefgründigen Zusammenhängen, denn der Dämon war stierköpfig und manchmal hüllte eine feurige Aura seinen Körper ein.

[Hatte ich das noch nicht erwähnt? Ich bin im Sternzeichen des Stieres geboren. Ich war der Dämon, und das Feuer die Wut, die seit einer Ewigkeit in mir brannte.]

Die Frau, die sich in den Dämon verlieben sollte, nannte ich „Yanara“. Dieser Name stammt aus dem altägyptischen und bedeutet übersetzt so viel wie „Shining Light“. Nomen est omen!

[Denken Sie an die Gedichte in diesem Buch. Das Licht war und ist ein immer wiederkehrendes Thema für mich, ein Symbol, eine Metapher, eine Allegorie, die mein Unterbewusstsein seit jeher benutzt.]

Ohne es zu ahnen, begann ich mit den ersten Programmierschritten – oder besser gesagt: mein Unterbewusstsein begann damit, seine Botschaft in einer Geschichte verpackt an mein Bewusstsein zu schicken – via Laptop-Bildschirm. Mein „Dämon“ begann mit mir zu kommunizieren.

Ich schrieb einfach drauf los. Ohne Plan, ohne Konzept, die Geschichte entstand quasi Satz für Satz, Seite für Seite. Nur das Ende, oder besser: den letzten Satzteil, kannte ich von Anfang an: „... mein geliebter Dämon.“ Sie halten das für ein bisschen schräg? Ich auch, aber genau so war es.

Es ging flott dahin. Im Nu hatte ich etwas mehr als 50 Seiten (Format A4) und meine beiden Protagonist/innen durch eine erotische Geschichte – das wollte ich nämlich ursprünglich schreiben – geschickt. Gegen Ende kam mir die Idee, das Thema noch ein weiteres Mal, in einem anderen Setting, auszurollen: Aquila betrat die Bühne meiner Welt. Irgendwie war ich mit dem Thema noch nicht durch, ich wollte es noch von einer anderen Warte aus beleuchten.

Während also die ersten Seiten der nächsten Geschichte entstanden, las mein Partner mein Erstlingswerk „Sethos“. Sein Feedback dazu war aufrüttelnd. „Nette Geschichte, da ist mehr drin, das bist nicht du“, waren die Worte, die mir im Gedächtnis blieben. Einen kurzen Augenblick fühlte es sich schrecklich an, eine neuerliche Ablehnung, aber dann wurde mir klar, dass er Recht hatte. Für die erste Geschichte hatte ich die Rolle einer Erzählerin gewählt, welche die Ereignisse schilderte. Also mehr oder weniger „ein Bericht“ und damit etwas, das ich beruflich zur Genüge schrieb. Nein, das war nicht ich, nicht Lesley.

Ich entschied mich, die Geschichte komplett umzuschreiben, aber zuerst wollte ich mit „Aquila“ fortfahren. Nachdem ich erst wenige Seiten getippt hatte, verwarf ich diese und stellte um. Fortan sollte die Eine, die sich in den Dämon verliebt, ihre Geschichte erzählen. Also verkroch ich mich in meine Schreibecke – in der ich übrigens auch jetzt sitze, während ich diese Zeilen tippe – hüllte mich in mein (natürlich nicht echtes) Eisbärenfell und ließ mich in die Musik von Enya fallen. Enyas Melodien waren meine Begleiter während unzähliger Stunden und gewissermaßen die Geburtshelfer für das, was nun geschah. Ich wurde zu „Amaranthia". Der Name lässt sich auf das altgriechische „amarantos" zurückführen und bedeutet sinngemäß: „unvergänglich" – die Unvergängliche in mir, oder anders formuliert: die Ewige. Sie sollte jene sein, die sich in Aquila, den Adler, verliebt.

[Erinnern Sie sich noch an die Gute-Nacht-Geschichten, die ich mir als Kind selbst erzählte? An den Schwarzen Adler? Oder daran, dass ich laut Maya-Kalender ein Blauer Adler bin? Oh ja, mein Unterbewusstsein hat fleißig gewerkt. Ein Stier, Shining Light und die Unvergängliche ... Metaphern, Codierungen, die mein Bewusstsein zunächst nicht in ihrer vollen Tragweite erkannte.]

Als Amaranthia ließ ich mich zur Musik von Enya in die Gefühlswelt meiner Heldin – oder meine eigene? – fallen. Der Schreib-Flow war unglaublich! Und ich war bis über beide Ohren verknallt in Aquila. Was er sein konnte ... was ich sein konnte. Doch noch erkannte ich nicht, dass Aquila nur einen verdrängten Anteil meiner eigenen Persönlichkeit darstellte. Noch blieb mir verborgen, was mein Dämon – was Lesley – mit mir vorhatte. Dennoch, die Geschichte von Aquila und Amaranthia löste etwas aus: längst vergessene Gefühle in mir und den Wunsch, weiterzuschreiben.

Als ich auf den letzten Seiten von „Amaranthia und Aquila" war, tauchte plötzlich ein weiterer Gedanke, wie es dem nichts auf: „Wir schrieben das Jahr 2015 und meine Welt versank im Chaos". Das war's. Aus diesem einen Satz entstand alles weitere, die komplette Geschichte von Jan und Jana – und damit meine ich ein paar hundert Seiten!

[Nach wie vor war ich rein intuitiv schreibend unterwegs, ohne Konzept oder Plan. Aus diesem einen Satz formte sich ein Universum – mein Universum. Oder anders formuliert: Dieser eine Satz war ein Schlüssel, der eine Tür öffnete, hinter der ICH schon lange auf mich gewartet hatte.]

Diesmal wählte ich die Gegenwart und ein vertrautes Umfeld als Handlungsrahmen aus. Jan … Janus, der römische Gott mit den zwei Gesichtern, wieder so eine Anspielung und Jana als weibliche Form.

[Bemühen wir wieder ein wenig die Astrologie und Archetypen: ich bin nicht nur eine Stier-Geborene, sondern auch mit dem Aszendent „Zwilling" bedacht, dem wiederum eine gewisse „Doppelgesichtigkeit" nachgesagt wird … womit wir wieder bei Janus wären. Ich erzähle Ihnen hier nur von einigen wenigen Allegorien. In Wahrheit sind noch viel mehr in JAN/A verborgen.]

Allmählich wurde mir bewusst, dass ich mehr tat als „nur" eine Geschichte zu schreiben. Der oben erwähnte Satz wurde zwar kein Teil davon, aber die Stimmung, die mich 2015 über lange Zeit begleitet hat, spiegelt sich in Janas Gefühlsleben zu Beginn wieder: emotionale Achterbahnfahrt pur. Mein Start ins nächste Programm.

Im Laufe der Handlung – und ich werde später genauer darauf eingehen – durchlebt Jana die gesamte

Bandbreite meiner emotionalen Achterbahn auf der obersten Ebene, also im leicht erkennbaren, sichtbaren Alltag. Die Vertiefung auf die unbewussten Ebenen folgte später. Aber für den Einstieg war das schon mal ziemlich heftig. Ihr gern verwendetes Mantra „Sei stark, Jana, da musst du durch" war auch mein eigenes, und dann wurde daraus noch mehr: mein neuer Name: B. Strong. Damit verknüpfte ich den in der Geschichte dargestellten Entwicklungsprozess mit meiner Person – auf ewig. Ehrlich: schlichtweg genial, was mein Unterbewusstsein da einfädelte. Während Jan also Jana dabei half, von der Achterbahn runterzukommen und zu sich selbst zu finden, fand dieser Prozess zeitgleich in mir statt. Doch ich bemerkte es zunächst gar nicht. Erst die Rückmeldungen aus dem Umfeld, vor allem von meinem Partner, brachte mich zu der Erkenntnis: Ich war gerade dabei, mein eigenes Programm umzuschreiben! Und es fühlte sich großartig an! Mehr noch: ich fühlte! ... jener Teil von mir, den solange nichts berühren konnte, wurde berührbar. Die Eine konnte ihn berühren, den Dämon, der tief in mir in einem dunklen Kerker seit jenem Tag gefangen war, an dem ich ihn verstoßen hatte – nun konnte ich ihn erreichen, er wurde berührbar – und damit auch ich selbst.

Als nächstes verspürte ich den Drang, Jan – und somit dem Dämon – eine Stimme zu geben, und so ließ ich ihn die Geschichte von Jana nochmals erzählen, aus seiner Sicht, die sich natürlich von ihrer unterschied. Mit Jan begann ich, andere Facetten meiner Persönlichkeit zu spüren, und wie sich zeigen sollte, auch zu integrieren und anzukoppeln.

[Vielleicht fragen Sie Sich jetzt, wie das möglich ist, sich als Frau in der Rolle eines Mannes wieder zu finden? Nun, blicken wir auf diverse Weisheitslehren, finden wir dort häufig Allegorien wie Yin & Yang, Animus und Anima, das Weibliche im Mann und das Männliche in der Frau usw. Seit ich denken kann, orientierte ich mich an männlichen Vorbildern, obwohl mir stets bewusst war, eine Frau und auch im richtigen Körper zu sein bzw. auch keine bewegliche sexuelle Ausrichtung zu haben, sondern ganz banal „heterogen" angelegt zu sein. Dennoch, ich wollte nie Prinzessin Lea sein, ich war und bin Han Solo oder Captain Kirk! Auch nicht Luke Skywalker, der war viel zu brav für meinen Geschmack. Ich stand immer auf die etwas linkischen Typen, vom Leben geprüfte und geprägte Bad Boys eben. Ein Vorteil des „nicht wissen, wer ich bin" war – im Nachhinein betrachtet – dass alles möglich war, ich mir jegliche Verhaltungsmuster aneignete, die mich in dem Augenblick interessierten oder mir nützlich erschienen. Für mich war daran nichts verkehrt, weil ja ohnehin alles nur Rollen waren, ich mich mit nichts davon wirklich dauerhaft verbunden fühlte. Daher griffen vermutlich die geschlechtsspezifischen Stereotypisierungen bei mir weniger als bei anderen Frauen. Auch heute noch kann ich mein Verhalten von kumpelhaft beim Möbelschrauben über ehrgeizig im Wettkampfsport und Alpha-Tierchen in der Teamführung bis zur tiefgründigen Philosophin und theatralischen Diva auffächern, ohne dabei an Authentizität zu verlieren. Ich war und bleibe eine Art Chamäleon. Somit fiel es mir sehr leicht, mich

beim Schreiben zeitgleich in verschiedenste Rollen fallen zu lassen.]

Ich erzählte also die Geschichte von Jan und Jana bis zu dem Punkt, an dem sie zueinander gefunden hatten. Happy End! Ich steh drauf. Immerhin geht's dabei um meine Geschichte und mein Leben!

Danach setzte ich mich hin und wurde zu Yanara, ließ mich in ihre und die Welt von Sethos fallen. Im März 2018 war ich mit all dem durch und dachte mir: cool – Zielflagge! Welch ein Irrtum. Wir waren gerade auf Schiurlaub. Ich vergönnte mir einen Relax-Tag, saß im Appartement mit meinem Laptop und war mit allen Arbeiten fertig, als die Inspiration – oder mein Dämon – über mich kam, und eine Stunde später war die gesamte Storyline bis zum finalen Ende fertig. Oh Mann. Damals erkannte ich, was mein Unterbewusstsein vorhatte: Es wollte mich nochmals durch alle traumatisierenden Erlebnisse und Gefühle meines Lebens schicken und diese beruhigen, lösen, verändern, neu interpretieren … zusammenfügen, was niemals wirklich, sondern nur in meiner Wahrnehmung getrennt war; Wolken vertreiben, aus Scherben wieder ein Ganzes werden lassen, den gordischen Knoten endgültig entwirren. Beruflich hatte ich bereits etliche Ablaufprozesse und Projekte entwickelt. Nun nutze mein Unterbewusstsein diese Kompetenz, um einen Prozess für mich zu entwickeln: einen Re-Connecting-Prozess!

Mir wurde klar, welche einmalige Chance sich für mich eröffnete – und dass ich etwas unternehmen musste, damit sie nicht wieder in der Versenkung verschwinden würde, wie so oft in der Vergangenheit, als ich Botschaften aus dem Unterbewusstsein erhielt und als Gedichte in einer Schublade ablegte, ohne das darin schlummernde Potenzial zu entfalten. Ich musste den Prozess in Gang halten! Daher setzte ich mir das Ziel, das bisher geschriebene zusammen zu fassen und als „JAN/A – eine [nicht] ganz alltägliche Liebesgeschichte" unter dem Namen Lesley B. Strong bis zum 12. September 2018 zu veröffentlichen, beides dadurch in der allgemein gültigen Realität zu verankern und damit einen unumkehrbaren Schritt zu setzen. Es wurde ein arbeitsintensiver Sommer, aber ich zog es konsequent durch und am 11. September 2018 erschien JAN/A. Da war ich längst schon dabei, Band 2 zu schreiben, denn die Storyline war noch lange nicht zu Ende. Die Eine und der Dämon, mittlerweile durch eine innige Liebe verbunden, sollten Seite an Seite durch die Geschichte und mit mir gemeinsam durch den Prozess gehen. Ich ließ mich bedingungslos darauf ein, schrieb weiter, durchlebte erneut, litt, lachte, liebte, löste auf …

Ab diesem Zeitpunkt wandelte sich der Erzählstil. Es war nicht länger Jan oder Jana, die jeweils ihre Geschichte erzählten, sondern beide zeitgleich. Ich begann, beide Rollen gleichzeitig zu schreiben, so wie sie im Buch stehen, fühlte mal Jan, mal Jana. In manchen Situationen sind beide sehr unterschiedlich in ihren Wahrnehmungen und Empfindungen, dann wieder kaum zu unterscheiden. Die Rollenwechsel passierten im Minutentakt und ohne nachzudenken, einfach aus dem Erleben heraus. Dabei geschah folgendes: Ich wurde ICH. Gut, das ist die absolute Kurzform. Abstrakte Beschreibungen werden vermutlich nicht nachvollziehbar sein. Also versuche ich es mit einem wortreichen Bild: Sie haben sicher schon einmal gesehen, wie ein Zopf geflochten wird? Einer von den komplizierten, die nicht nur aus drei Strängen bestehen, sondern bei dem seitlich immer wieder Stränge dazu genommen werden – ein eingeflochtener Zopf also.

[... dabei sollte aus dem Kuddelmuddel des gordischen Knotens – oder den mir inzwischen vertrauten sechs Strängen (=Anteilen) ein fein säuberlich geordneter Zopf einstehen.]

Nun, ähnlich ging ich – oder mein Unterbewusstsein - vor. Sethos und Yanara standen am Anfang, waren quasi die ersten beiden Stränge (oder Fäden des gordischen Knotens), die Teile und Ereignisse aus meiner länger zurückliegenden Vergangenheit symbolisierten. Später fügten sich Aquila und Amaranthia dazu, meine jüngere Vergangenheit und ihre Emotionen. Und schließlich folgten Jan und Jana, wobei die beiden noch mal unterteilt waren in Jan und seinen Dämon sowie Jana und ... Spoiler-Alert: In Teil 1 wird es zwar nur angedeutet, aber Jana ist auch nicht ganz mit sich alleine.

Jana repräsentierte meine bewussten, erwünschten Persönlichkeitsanteile sowie meine bewussten, nicht erwünschten (1+1=2). Jan hingingen stand für meine verdrängten, doch ersehnten Anteile (ich steh auf seine romantische Ader), und seinen Dämon für meine verdrängten und gefürchteten (Wut, Impulsivität ... feurige Ausbrüche ungezähmter Leidenschaft).

Hier nun die Rechenübung: (1+1)x2 ... plus Sethos, Yanara, Aquila, Amaranthia = Lesley. Können Sie mir noch folgen?

Machen wir es einfach: viele Stränge, die sich zu einem Zopf zusammenfügen. Alles Anteile von mir, bewusste, unbewusste, erwünschte und unerwünschte, gekoppelte, entkoppelte ... und in der Geschichte begannen alle diese Anteile miteinander in Interaktion zu treten - ihr wahres Wesen, das bei keinem je böse war – eher missverstanden, zu offenbaren; sich gegenseitig zu unterstützen; sich in einander zu verlieben. Vor allem ab Band 2 finden im Handlungsverlauf immer wieder Rückblenden statt, die dies verdeutlichen. Ich wurde ICH, eins. Die Wolken wichen, das Sonnenlicht erreichte alle Scherben und holte sie alle ins Bewusstsein. Die zerbrochenen Scherben des Spiegels verschmolzen wieder zu einem Ganzen. Aus dem gordischen Durcheinander wurde ein akkurat verwobener Zopf. Was entkoppelt war, wurde wieder angekoppelt. dis/connected wurde zu connected. Während ich beim Schreiben durch die unterschiedlichen Rollen switchte, die allesamt Teile von mir sind, begannen sich ihre Stränge zu überlagern, zu verbinden und eins zu werden, zusammengeschweißt durch sehr starke Emotionen. Gleich, welches Ereignis ich für mich verarbeitete, es begann stets mit den alten, belastenden Gefühlen; gleich, ob Jan oder Jana für mich die Vergangenheit erneut durchleben durfte, stets war der Dämon oder die Eine an ihrer Seite und unterstützte mit dem, was mir seinerzeit gefehlt hat: Geborgenheit, Zuwendung, Halt, Liebe ...

Solange ich mich zurückerinnern kann, tat ich etwas, dass ich als „Aufspalten in unterschiedliche Rollen" bezeichnen würde. Da gab es meine rechte Körperhälfte, der ich den Namen Raven gab und meine Linke, die ich Lesley nannte. Noch als Schülerin, ohne je von ganzheitlicher Medizin oder Psychosomatik gehört zu haben, symbolisierte Raven für mich das Rationale, Lesley das Emotionale – und übergeordnet gab es noch eine dritte, quasi steuernde Rolle, deren Namen ich für mich behalten werde. Interessant ist ohnehin eher die Tatsache, dass in der ganzheitlichen Betrachtung des Menschen die rechte Körperhälfte für das Männliche (oder Rationale) steht, und die Linke für das Weibliche (oder Emotionale).

[Fragen Sie mich bitte nicht, woher ich das als Kind im Alter von 8 oder 9 Jahren wusste. Ich bin keine Hellseherin, aber ich glaube, dass es so etwas wie ein kollektives Bewusstsein gibt, aus dem jedes Individuum Informationen beziehen kann, ähnlich wie ein „natürliches Internet". Forschungen in dieser Richtung beschreibt Rupert Sheldrake im Buch „Das schöpferische Universum".]

Zurück zum Schreibprozess von JAN/A: Ich (über)schrieb meine (emotionale) Vergangenheit neu. Die Ereignisse sind in meiner Erinnerung noch immer dieselben, aber sie lösen heute andere Emotionen in mir aus. Das kleine Kind fühlt sich nicht länger allein und verlassen im Krankenhaus, denn an seiner Seite wacht der beschützende Drache. Aber auch der in die Dunkelheit verstoßene Dämon hadert nicht länger mit seinem Schicksal, denn die Eine lässt sich liebend gerne in seine flammende Umarmung fallen und nimmt ihn bedingungslos so an, wie er ist. Was mein kognitiver Verstand schon längst vollzogen hatte, die Tatsache anzuerkennen, dass ich – bei aller Dramatik – die Ereignisse meiner Kindheit überlebt und den Weg in ein eigenständiges Leben gefunden hatte, dies wurde endlich (!) zu gefühlter und gelebter Realität. Ein modernes Märchen machte es möglich!

Weder grolle ich länger jenen, die in der Vergangenheit taten, was sie damals vermutlich für angebracht hielten, noch mir selbst wegen dem, dass ich mitunter angestellt hatte, als ich den unbeholfenen Versuchen meines Dämons, Zuwendung zu finden, ausgeliefert war.

[So hart das jetzt auch klingen mag, aber auch Schläge sind eine Form von Zuwendung, wenn auch negativer Natur. Sie zeigten mir – auf schmerzhafte Weise – dass ich noch dazu gehörte. Eine fatale Logik, aber Logik orientiert sich nicht an „gut“ oder „schlecht“.]

Ich bin heute nicht länger das Opfer meiner Vergangenheit, sondern die Gestalterin meiner Gegenwart - und damit meiner Zukunft.

JAN/A ist für mich eine verschlüsselte Geschichte: eine fiktive Handlung, aber dahinter verbergen sich (für mich bekannte) reale Ereignisse und Gefühle, die nun zu einem Happy End geführt wurden. Technisch gesprochen: Stürzt mein eigenes Programm ab, kann ich es mit JAN/A rebooten. Lesen, Musikhören – oder einfach nur in Gedanken kurz in die Story eintauchen –

genügt für mein Mind-Reset. Für alle anderen Leser und Leserinnen mag es eine spannende, witzige, sinnlich-erotische Geschichte sein ... für mich ist es mein Re-Connecting-Programm – oder auch mein linguistisches Rescue-Set.

So einfach geht das? Theoretisch: Ja. Aber wie viele Jahre habe ich gebraucht, bis es so einfach wurde? Oder anders gesagt: bis ich akzeptierte, dass es so einfach sein konnte? Die Botschaften meines Dämons habe ich lange und beharrlich ignoriert... fast bis zum 3. Burnout.

Über 20 Jahre lebe ich mit meinem Partner nun schon zusammen, doch plötzlich registrierte er an meinem Verhalten und an mir Veränderungen. Und nicht nur er. Diesbezügliche Rückmeldungen kamen von verschiedenen Seiten. Ich konnte es auch fühlen: etwas war anders. Ich war anders. Mein Leben begann sich „richtig" anzufühlen. Der latente Groll verschwand ebenso wie die selbstzerstörerischen Tendenzen. Sogar mein Spiegelbild war nicht länger das einer Fremden.

Im September 2018 ging ich den nächsten Schritt und ließ mir das Symbol, das von Beginn an in meinem Denken mit Jana verbunden war, auf den Körper tätowieren: eine Sonne rund um den Nabel. Die Sonne - das Symbol für Licht (wie Sie nun richtig vermuten, für mich auch für Bewusstheit) und mit dem Symbol für den Ursprung des Lebens – dem Nabel - verbunden. Mächtig. Kraftvoll. Ich war angekommen.

Schon vor vielen Jahren wollte ich ein Sonnen-Tattoo um den Nabel haben. Aufgrund meiner Angst vor Nadeln und einer gewissen Endgültigkeit …

[Ich wich jahrzehntelang konsequent allem Dauerhaften in meiner Erscheinungsform aus. Haarfarbe, Bekleidungsstil … all das wechselte ständig. Wie hätte ich mir da ein Tattoo machen lassen können?]

… sollte es aus Henna sein, aber ich setzte es nie um – wie so vieles andere auch. Später überlegte ich, ein Piercing mit einem Sonnenmotiv-Stecker stechen zu lassen. Nie umgesetzt. Aber jetzt ist es soweit – und es fühlt sich gut an. Ich liebe mein Tattoo. Es gehört zu mir und erinnert mich jeden Morgen vor dem Spiegel daran, wer ich bin. Wer ich WIRKLICH bin! … nur für den Fall, dass ich es zwischendurch wieder einmal vergessen sollte ☺

Jahrelang hatte ich die Botschaften meines Unterbewusstseins zu meinem (Selbst)Findungsprozess konsequent ignoriert. Ich kann ein echt sturer Stier (oder Drache) sein.

Nachdem Sie nun die wirklich wahre Entstehungsgeschichte von JAN/A kennen, werde ich Ihnen auch noch einige (nicht alle) Symbole und Metaphern der Handlungen offenbaren.

6.1. Sethos & Yanara

Als sie jung waren, verband Yanara (Shining Light) und Sethos eine tiefe Liebe, doch sie stand unter keinem guten Stern und beide wurden auseinandergerissen. Während ein Fluch Sethos zum Dämon werden ließ, floh Yanara in die Ferne und ließ Sethos zurück. Erst viele Jahre später kehrte sie reumütig zurück, um den Dämon zu bannen und Sethos von seinem Fluch zu erlösen. Doch sie kann sich ihm nicht zu erkennen geben, ohne um ihr Leben fürchten zu müssen, weil sie ihn doch einst verraten und im Stich gelassen hat. Der Fluch des Dämons hat Sethos so stark vereinnahmt, dass er gar nicht merkt, wie sehr er von der Dunkelheit beherrscht wird. Er fühlt nur einen unsäglichen Schmerz in sich, Wut und Einsamkeit.

[Erkennen Sie die Parallelen? Das kleine Kind allein im Krankenhaus, das ist Sethos, gefangen in der Dunkelheit, im Stich gelassen, verraten, verstoßen, verflucht. Und Yanara, das bin ich, die erkannt hatte, dass etwas fehlt und versucht, dies zurück zu holen, aber zuvor noch den „Fluch" auflösen will. Das waren meine ersten Schritte vor vielen Jahren, als ich noch dachte, ich müsste etwas in mir „reparieren", etwas loswerden, meinen „Destruktivus" löschen, der unablässig Stress in meinem Leben verursachte. Während der Ansatz des „auf den Dämon zugehen" der richtige war, lag ich bei allem anderen falsch, so wie Yanara auch ...]

Während der drei Abende, die Yanara mit Sethos verbringt, beginnt sie ihr Ziel zu hinterfragen, denn sie merkt auch, dass der Dämon nicht das ist, was sie erwartet hatte. Vielmehr ist er eine Art Spiegel, der ihre Gefühle und ihr Verhalten verzerrt widerspiegelt: Furcht wird zu Ablehnung und Wut, Vertrauen zu Liebe und Verbundenheit.

[Die beiden lehrten mich, dass es immer nur um eines ging: annehmen! Alles, was fehlte und je gefehlt hatte, war eine Umarmung, Geborgenheit ... oder wie ich es später gerne formulierte: bedingungslose Liebe und grenzenloses Vertrauen.]

Die Geschichte von Yanara und Sethos bewegt sich wie die Wasser des ewigen Flusses, langsam, aber unaufhörlich. Durchzogen von ständig wiederkehrenden Gedanken und Gefühlen, brauchte es einige Zeit und Überzeugungsarbeit, bis ich – oder mein kritischer Verstand – dem zustimmen konnte, dass ICH grundsätzlich in Ordnung war und damit das Gegenteil von „Die Ursache allen Übels" (siehe Kapitel 3.4). Diese über Jahre gefestigte innere Einstellung neu zu formulieren beanspruchte einiges an Energie, Vertrauen und sanften Emotionen, die sich langsam steigerten. Sind die ersten Annäherungen zwischen Yanara und Sethos noch fast von animalischer Art, werden diese zunehmend einfühlsamer und inniger, und für Yanara wird es immer schwieriger die Hand gegen jenen zu erheben, der „so ganz anders war, als sie erwartet hatte. Kein Dämon sollte so sein."

Zum ersten Mal in meinen Leben blickte ich meinem Dämon in die unergründliche Tiefe seiner dunklen Augen, erahnte darin sein feuriges Herz, das mir noch verschlossen blieb. Doch er öffnete seine Arme und hieß mich willkommen in seiner Welt.

6.2. Aquila & Amaranthia

Die Hüterin des Lebens, Amaranthia, das war ich in späteren Jahren – oder in diesem Fall irgendwo im Donauraum, am Rande des römischen Imperiums, vor sehr langer Zeit, inmitten eines riesigen Waldgebietes. Eine Amazone, die nicht kämpfen will, gegen niemanden, der jedes Leben heilig ist. Und sie trifft auf Aquila, einen römischen Legionär, einen Nachfahren von Sethos, der ebenfalls einen Dämon in sich trägt, denn der Fluch war nach wie vor ungebrochen. Aquila verbirgt geschickt sein wahres Wesen. Er rettet ihr Leben im Kampf, sie das seine im Krankenlager. Für einen Augenblick im Lauf der Geschichte genießen die beiden ein Leben um der Liebe Willen, bis das Schicksal sie mit Vehemenz auf die Prüfung stellt.

[Dahinter verbirgt sich eine Phase meines Lebens, als ich zwar schon erkannt hatte, dass das Außen stets der Spiegel meines Innenlebens war, aber noch sehr kopflastig unterwegs war. Zu jener Zeit versuchte ich Veränderung durch das Rezitieren von Mantras oder „Heilungsphrasen" zu erreichen. Sie kennen das sicher ... „Sag Dir 3x täglich 100x Ich kann das. Ich schaffe das ..." Alles wunderbar und es mag auch funktionieren, wenn man daran glauben kann! Mein kritischer Verstand beäugte mein damaliges Tun misstrauisch und kommentierte es in etwa so: „Das glaubst du doch selbst nicht, oder?" Zwischen Gefühl und Handlung lag ein (damals) unüberwindbar erscheinender Ozean, und damit konnte es natürlich nicht wirklich funktionieren.

Aber im Beharren auf negative Einstellungen war ich damals echt taff.]

Auch wenn Aquila sie gerettet hat und er für Amaranthia nie eine Bedrohung war – sie verstößt ihn, als sie sein wahres Wesen erblickt. Wer kann schon einen Dämon lieben? Der Blick auf die Realität wird durch ihr Vorurteil getrübt. Ein Dämon ist ein Dämon. Er muss böse sein. Muss er wirklich? Was, wenn er es nicht ist?

[Wie schon zuvor erwähnt, ich verliebte mich in Aquila! Er war und ist der absolute Anti-Dämon für mich. Sein ganzes Wesen ist sanftmütig – außer Amaranthia wird bedroht, dann fährt er die Flammen hoch. Jan ist ihm ziemlich ähnlich, wäre Jan nicht auch ein arroganter Arsch und mir damit manchmal unheimlich ähnlich. Aquila ist die Wiederkehr des Schwarzen Adlers aus meiner Kindheit: der Held ohne Tadel, der Märchenprinz auf dem weißen Ross. Diesmal lag die Herausforderung bei Amaranthia...]

Amaranthia braucht lange, bis sie erkennt, welches Unrecht sie begeht, in dem sie seine Liebe ablehnt, nur weil er sie beschützt hat und dafür seine Maske fallen ließ. Für Aquila ist es fast schon zu spät, als sie sich endlich entschließt, die zu sein, die er von Anfang an in ihr gesehen hat: die Eine, die ihn zu lieben vermag.

[Mit dieser Geschichte erschuf ich in mir die Bereitschaft, anzunehmen, was auch immer ich finden würde auf meinem weiteren Weg. Auch wenn mich der Fluch des Dämons – mein BPS - getroffen hatte, gerechtfertigt oder zu Unrecht, ich musste dem nicht ausgeliefert bleiben. Die Liebe der Einen – meine Liebe – zu meinem

Dämon – zu mir selbst – konnte mich befreien, mir die Möglichkeit eröffnen zu sein, wer auch immer ich sein wollte. Und letztendlich: (m)ein Dämon konnte auch ganz anders sein, zärtlich, liebevoll, romantisch ... so vieles, das ich jahrelang in mir verborgen und unterdrückt hatte, weil es damals der beste Weg zu sein schien. Doch heute war heute. Heute konnte alles anders sein. Heute war ich bereit, meinen Dämon – mich selbst – zu lieben.]

In der sprichwörtlich letzten Sekunde gelingt es Amaranthia, das Leben von Aquila zu retten in dem sie ihre Hand auf sein Herz legt. Doch selbst dieser Beweis ihrer Liebe lässt Aquila zögern, ihr vollends zu vertrauen und Amaranthia seine Welt zu eröffnen. Zu oft schon wurde der Dämon getäuscht, zu oft verstoßen, zu viel Schmerz musste er ertragen ... Aber keine Sorge, Amaranthia ist nicht so harmlos wie sie zumeist tut. Sie wird einen Weg finden, ihren geliebten Dämon zu überzeugen, dass sie die Eine ist, die immer zu ihm stehen wird – im Licht und in der Dunkelheit.

[Bedingungslose Selbstliebe! Schluss mit Selbstverurteilung, ganz gleich, was geschehen ist oder noch geschehen wird. Nichts ist schlimmer, als sich selbst an den Pranger zu stellen oder ans Kreuz zu nageln. Toleranz beginnt sich selbst gegenüber. Wer sich selbst in Teilen oder vollständig ablehnt, kann davon ausgehen, dass die abgelehnten Teile sich Aufmerksamkeit verschaffen werden – gleich in welcher Form. Liebe ist der Universalcode für Krisenintervention. Vielleicht nicht immer im Außen, aber mit Sicherheit im Innenleben, denn in uns gibt es keinen Feind, sondern nur uns selbst.

Jahrelange Ignoranz kann dafür gesorgt haben, dass sich Wut, Frust, Verzweiflung, Aggression und anderes aufgestaut hat, und das führt möglicherweise zu einer verzerrten Wahrnehmung, aber hinter all dem verbirgt sich – dass ist meine Conclusio nach 45 Jahren mit einem Dämon – eine unerfüllte Sehnsucht nach Geborgenheit, Liebe, Anerkennung. Indem ich dieses Verlangen stille, wandelt sich die Energie meines Dämons und er wird, was er eigentlich immer schon war: mein Beschützer, mein bester Freund, mein Vertrauter – ICH.]

Wie genial mein Unterbewusstsein phasenweise vorging, bemerkte ich eher zufällig, als ich die Rolle von Jana definierte und ihr Haar unwiderstehlich nach Rosenholz duften ließ. Ich mag den Duft von Rosenholz seit langem. „Zufällig" erhielt ich in einer Werbesendung eine Probe zu einem Parfum, das mich sofort ansprach (was eher selten vorkommt) und das neben Rose auch „Oud Wood" enthält. Ich recherchierte ein wenig und fand heraus, dass „Oud Wood" auch Rosenholz genannt wird und vom Adlerholzbaum (Aquilaria malaccensis) stammt. Das, was ich Jana zugedacht hatte, fand seinen Weg zu mir und schuf gleichzeitig eine Verbindung zu Aquila. Ich verneige mich in Ehrfurcht vor der Weisheit des Lebens!

Und nun ein kleiner Ausblick in die Zukunft: Aquila wird seine eigene Stimme bekommen. Mittlerweile bin ich soweit, auch seine Geschichte zu erzählen. In der Neuauflage von JAN/A, der „Connected Edition #Borderline" werden sowohl er als auch Sethos ihren Teil und damit ihre Emotionen zur Erzählung beitragen – und ich freue mich schon riesig darauf! Denn ich glaube, nein, ich fühle: Aquila wird noch einen Tick romantischer sein als Jan. Apropos Jan …

6.3. Jan & Jana

Jan ist ein mürrischer, arroganter Arsch, der sich hinter eine Mauer der Unberührbarkeit zurückgezogen hat, alle Menschen emotional von sich fernhält, damit äußerst unzufrieden ist und für all dies seinen Dämon – seinen Fluch – verantwortlich macht, während er zeitgleich im Selbstzweifel versinkt. Kein angenehmer Zeitgenosse. Beruflich erfolgreich, lebt er als Dämon unerkannt mitten in Wien. Er ist der Drache, stark und mächtig wie jene Urgewalt. Jede tiefgreifende Emotion bringt das unterdrückte Feuer aus seinem flammenden Herzen an die Oberfläche, unkontrolliert, ungezähmt, leidenschaftlich, fast schon animalisch, dämonisch …

[Das war ich über viele Jahre.)

Bis Jana auftaucht. Jana ist der wandelnde Widerspruch. Auf der einen Seite hoch effizient und produktiv, auf der anderen Seite das personifizierte Gefühlschaos. Jenes Chaos bildet auch die einzige Konstante in ihrem Leben, das einer endlosen emotionalen Achterbahnfahrt gleicht. Sie ist der Phönix, die Wandlungsfähige, die neu geboren und gestärkt aus dem Feuer hervorgehen kann, aber eben auch dem Wandel von Werden und Vergehen gnadenlos unterworfen, haltlos …

[Auch das war ich in den vergangenen Jahren. Jede Facette meines Seins abgebildet. Und diese Beiden ließ ich aufeinandertreffen. Das trug emotionales Sprengpotenzial in sich. Aber die Geschichte entstand ja auch aus

dem Satz: Wir schrieben das Jahr 2015 und meine Welt versank im Chaos …]

Bei ihrer ersten Begegnung realisiert Jan innerhalb weniger Minuten, wer Jana für ihn ist – und das katapultiert ihn damit aus seiner gewohnten Komfortzone in ihre Welt des unplanbaren Chaos. Für Jan beginnt ein Prozess der Reflexion und Neuausrichtung. Allmählich verwandelt sich sein innerer Konflikt mit dem Dämon/Drachen hin zu Kommunikation und Kooperation, während Jana nur darüber staunt, dass Jan ganz anders sein kann als sein Ruf und sie sich in seiner Nähe ungewohnt sicher und geborgen fühlt. An ihrer Seite fällt es ihm von Stunde zu Stunde leichter, den Dämon in die Freiheit und damit sein Leben zu entlassen, denn dort hält Janas Licht, die Energie des Phönix seine nur schwer kontrollierbaren Emotionen in Balance, und er kann sein, was sie sucht: sanftmütig, beschützend, manchmal auch ein wenig bestimmend, sinnlich und unverbesserlich romantisch – der Drache in allen seinen Facetten.

[Die Beiden – eigentlich sind es ja vier – haben die Hauptarbeit geleistet im Prozess des Re-Connecting. Sie durchlebten meine emotionale Achterbahnfahrt wieder und wieder. Mit jeder Runde tauchten sie eine Ebene tiefer in das zugrundeliegende Thema. So wie ich niemals wirklich allein war, war auch keiner von den beiden jemals wirklich allein – das vermittelten sie mir eingehend und bleibend. Ihre Liebe war bedingungslos und grenzenlos, egal, welche Steine ich in ihren Weg legte, sie hielten zusammen und meine innere Haltung übernahm diese Gefühle. Der Drache und sein Phönix in

inniger Umarmung: mein Symbol für mich selbst in meiner Gesamtheit. Wir lachten und heulten gemeinsam, die beiden in der Geschichte und ich in real beim Schreiben, meistens zu epochalem Sound wie Heart of Courage oder verträumten Melodien von Enya.]

Jan und Jana finden zueinander. Happy End? Nicht so schnell. Wie im realen Leben auch, sind die beiden nicht immer ganz offen oder ehrlich im Umgang miteinander. Nicht-Gesagtes kann schnell missinterpretiert werden, eines gibt das andere und plötzlich eskaliert das Ganze. Das trifft auch die beiden. Schritt für Schritt lernen sie, sich weiter zu öffnen, wobei Ehrlichkeit dem anderen gegenüber manchmal leichter fällt als sich selbst gegenüber. Doch das Schicksal (oder ich als die Schreibende) lassen den beiden kein Schlupfloch.

Im ersten Durchgang darf Jan sich mit sich selbst auseinandersetzen und feststellen, dass sein Bild vom Dämon düster und von Vorverurteilung geprägt ist. Doch Jana stimmt dem nicht zu, und so wird ihre Reaktion auf sein wahres Wesen für ihn eine völlig unerwartete Herausforderung. In Runde zwei brechen dann die Konstrukte aus Halbwahrheiten und Nicht-Gesagtem über beiden zusammen und ihre Liebe darf einige Prüfungen bestehen, bis in Runde drei der Achterbahnfahrt schließlich das Umfeld sich einmischt und beide fordert, zum jeweils anderen und zu sich selbst zu stehen.

[Die Runden sind bewusst gewählt: Nimm dich selbst an, bestehe vor dir selbst und letztendlich vor dem Außen. Drei Runden, jede herausfordernder als die davor.

Aber alle drei sind notwendig, denn im Leben müssen wir uns selbst annehmen, mit uns selbst und mit den anderen klarkommen.]

Im Laufe der Geschichte zeigen sich Zusammenhänge zwischen den Zeitlinien, Verbindungen zwischen den Figuren, die helfen zu verstehen und anzunehmen. Je schmerzvoller die Erinnerungen waren, desto stärker waren die (neuen) Emotionen, die ich dazustellte und in die ich mich fallen ließ. Sinnlichkeit, Erotik, Leidenschaft, Liebe … sie wurden zu dem Licht, das die Dunkelheit erleuchtete und ihr den Schrecken nahm.

In Band 1 gibt es diese eine Szene, in der Jana nach einem missglückten Scherz davonläuft und Jan ihr folgt, wenige Tage, nachdem sie sich zum ersten Mal getroffen haben, also beide noch wenig voneinander wissen. Nun stehen beide vor einem Lift. Jana zieht die Schuhe aus, lehnt sich an Jan an, und er legt ihre Arme um sie, hält sie einfach nur fest, lässt sie fühlen, was es bedeutet, immer noch Geborgenheit zu finden, auch wenn man sich mal danebenbenommen oder einen Fehler begangen hat. Wenn ich meine Augen schließe, dann sehe ich die silbrige Metalltür des Lifts vor mir, spüre den kalten, harten Steinboden unter meinen Füßen, und die starken Armen, die sich über meine Hüften legen und mich festhalten … dann bin ich Jana. Gleichzeitig fühle ich vor mir einen leicht zittrigen, warmen Körper, der ein nicht zu beschreibendes Licht ausstrahlt und den ich umarme wie einen Sonnenaufgang, nehme den Duft von Rosenholz war, und lasse mich auf meinen inneren Ozean der Gelassenheit treiben … dann bin ich Jan. In mir höre ich eine Melodie, zumeist eine von

Enya, manchmal auch eine der anderen, die in der Geschichte erwähnt werden, ich konzentriere mich auf meinen Atem, fühle meinen Herzschlag … dann bin ich ICH.

Die größte Herausforderung mit den beiden waren jene Szenen, die erst mit Band 2 und 3 veröffentlicht werden, und in denen sich die beiden den Schlüsselereignissen meines Lebens stellen. Dieses Kapitel zu schreiben hat Monate gedauert, bis endlich jene Tiefe erreicht war, bis die letzten Zweifel und Vorbehalte ausgeräumt waren, bis ich mich selbst vollständig und bedingungslos angenommen hatte. Dies geschah parallel zu den ersten öffentlichen Lesungen, die ebenfalls eine enorme Herausforderung waren: vor der Welt zu bekennen, was und wer ich bin!

Letztendlich meisterte ich auch diese Hürde erfolgreich. Oder besser gesagt: lustvoll und mit viel Freude! Etliche Erfolge in meinen Leben habe ich mir hart erkämpft und dafür teuer bezahlt (körperlich und seelisch). Aber dieser Erfolg entstand aus einem Flow der Begeisterung heraus und wenn er ein Preisschild trug, dann stand auf diesem: Liebe Dich selbst!

Verloren im Licht

Es ist nur ein Lichtstrahl,
der sich durch einen Spalt zwängt,
um nicht an Wänden zu zerbrechen,
den Weg sucht zu bestehen,
zu sein – um das Dunkel ringsum zu erhellen.
Weiches, warmes Licht,
an dessen Grenzen die Dunkelheit,
die Dimension des Undurchdringlichen erreicht,
ungewiss, was dahinter,
unbestimmt, ob außer dem Licht noch anderes existiert.

Es ist ein Licht, das mich umhüllt,
mich erleuchtet,
mich durchdringt,
mich in sich aufnimmt,
meine Konturen auflöst,
ganz so, als wolle es fragen:
Bist du?
Oder bist du nur ein Traum,
ein Trugbild,
verloren im Licht?

Fast möcht' ich verweilen,
auf ewig in diesem Licht,
der Welt, der Zeit entrückt,
in einem Augenblick gefangen,

wär' da nicht der Schatten deiner Hand auf meinem Körper,
der Hauch deiner Berührung,
die Wärme in meinem Herzen,
der Wunsch, dies Licht möge auch dich berühren.

Wär' all dies nicht,
wie könnt ich verharren im Licht,
das mich berührt wie der sanfte Kuss des Lebens,
wie nur du mich zu berühren vermagst,
und wärst du nicht bei mir,
würd' ich zweifeln,
ob ich bin,
oder bin nur ein Traum,
ein Trugbild,
verloren im Licht.

(1996)

7. MEINE WELT HEUTE … EIN MULTIVERSUM DER MÖGLICHKEITEN

Am 5. Dezember 2018 war das Buch, das Sie gerade in Händen halten, noch nicht einmal ein (sündiger ☺) kreativer Gedanke. Ich war gerade auf dem Weg zu einer Weiterbildung, stand auf einem eisig-kalten Bahnsteig und beobachtete – wie schon so oft. Anschließend notierte ich im Zug nach Salzburg sitzend meine Wahrnehmungen, Gefühle, Gedanken. Sie beschrieben meine Welt so treffend, dass ich sie als eigenes Kapitel in dieses Buch übernommen habe.

05.12.2018

Da steh' ich nun, frühmorgens, auf diesem kalten, zugigen Bahnsteig und warte, wie all die anderen. So viele Menschen, so viele Gesichter, so viele Geschichten. Da sind die, die wie gebannt in ihr Handy starren und auf diese Weise versuchen, die Welt rundum auszublenden. Und die anderen, die das mit einigen Blättern Papier in Händen – genannt Zeitung – tun. Wobei, wo sind sie wirklich? Manche wirken mehr wie Zombies als wie lebendige Menschen. Gesichter ohne Emotionen, Augen ohne Lebendigkeit – Zombies eben. Und ich mittendrin – und doch unendlich weit weg. Einige blicken mich an und in ihrem Blick finde ich vieles, das mir einmal mehr bestätigt, dass ich nicht zu ihnen gehöre. Ich bin ANDERS. Und das zeigen sie mir, lassen sie mich fühlen, solange ich mich zurückerinnern kann. Ich war immer ANDERS. Ich gehöre nicht hierher, nicht in ihre Welt, die für mich über weite Strecken meines Lebens unerträglich war und der ich schon so oft entfliehen wollte.

Es ist nur ein Schritt zur Seite, so wie in dem Song „Time Warp“ der Rocky Horror Picture Show, ein Schritt nach rechts, der mich ganz woanders hinbringen würde. Ein Schritt – und damit meine ich jetzt nicht den Schritt vom Bahnsteig hinunter auf die Gleise. Dann wäre ich auch ganz woanders – behaupten zumindest einige religiöse Lehren. Nein, ich meine einen anderen Schritt, einen tatsächlichen Schritt nach rechts zur Seite und damit in ein anderes Universum. Während über die Kopfhörer Tina Turner's „The Best“ meinen Körper in einen (teilweise) sichtbaren Rhythmus versetzt, verschwinde ich geistig einfach aus der Welt der Zombies und tauche wieder auf in MEINER Welt, in der die Farben bunter leuchten und Lebendigkeit mich wie ein Lichtstrahl durchflutet. Während der Wind eisig über den Bahnsteig pfeift, die Menschen ihre Köpfe einziehen, die Krägen hochschlagen, versuchen sich an Kaffeebechern zu wärmen, kann niemand von ihnen erkennen, dass Jana sich gerade an Jan anlehnt, eingehüllt in das wärmende Licht der Geborgenheit, die ich mein Leben lang vermisst habe und die nur Jan, mein geliebter Dämon, mir immer und überall zu vermitteln vermag. Denn mein Dämon ist immer bei mir. Jan und Jana waren nie getrennt, genauso wenig wie ich und mein Dämon. Doch das musste ich erst verstehen, akzeptieren, fühlen lernen.

Zurück zum Bahnsteig. Während ich also in meiner Welt tanze, frage ich mich, wie viele es mir gleichtun.

Wandeln noch andere durch parallele Welten und verstecken das, wie ich es seit Jahrzehnten tue?

Apropos parallele Welten: Für mich ist MEINE Welt mit Jan und Jana ebenso real wie die „reale" Welt, in der ich mich gerade auf dem Weg zu einer beruflichen Weiterbildung befinde und die ich wohl mit der Mehrheit der Menschen auf diesem Planeten teile. Doch wer kann mit Sicherheit sagen, dass es nicht auch andere Realitäten gibt? Verfolgt man die wissenschaftlichen Diskussionen dazu, ergibt sich für mich das Bild, das eigentlich niemand mit letztgültiger Gewissheit ausschließen kann, dass wir nicht alle in einer gigantischen Matrix leben, unser Bewusstsein vielleicht nur ein Programm ist, das Universum nur eine Simulation wie ein Computerspiel? Solange dies nicht endgültig geklärt werden kann – und ich gehe davon aus, dass dies erst der Fall sein wird, wenn wir in der Lage sind, uns außerhalb des Systems, also des Universums zu begeben, um quasi von außen darauf zu blicken (also NIE) – bevorzuge ich persönlich ein Leben in einem Multiversum.

Da gibt es die allgemeine Realität, in der ich meiner Arbeit nachgehe, zu anderen Menschen Kontakt habe, und in der ich mich mittlerweile mehr oder weniger akzeptiert fühle. Dieses Universum ist ziemlich farblos, aber ich kann daran nicht viel ändern.

Des Weiteren gibt es MEIN Universum, die Realität von Jan und Jana, in der ich die sein kann, die ich bin, die ich immer war und immer sein werde. Dort lebe ich wirklich!

Es gibt auch ein Universum, dass ich mit dem Mann teile, mit dem ich zusammenlebe. Und noch einige weitere Universen, die mich mit jenen Menschen verbinden, die mir nahestehen.

Zwischen all diesen Universen wechsle ich mit einem beliebigen Schritt zur Seite, nach links oder rechts, oder nach vorne, manchmal auch zurück. Wenn das allgemeine Universum unerträglich wird – und das kommt auch heute noch manchmal vor – wechsle ich für kurze Zeit in ein anderes, um wieder zur Ruhe zu kommen, mich neu auszurichten. Im allgemeinen Universum finde ich keine Ruhe oder Stabilität. Diese Möglichkeit wurde mir vor langer Zeit genommen. Vielleicht hatte ich diese Fähigkeit auch nie. Die Ursache ist im Grunde genommen unwichtig. Viel bedeutsamer ist, wie erreiche ich dennoch den Zustand von Stabilität und Harmonie, mich zufrieden und geborgen zu fühlen? Dafür wechsle ich das Universum. Mein persönlicher „Time Warp“. Seit meiner Jugend mag ich die Rocky Horror Picture Show … und gerade sinniere ich darüber, ob vielleicht schon vor langer Zeit mein Unterbewusstsein darin eine Botschaft und vor allem eine Möglichkeit für mich sah, die ich nicht erkannte?

Parallele Universen existieren für mich seit ich denken kann – oder mich daran erinnere. Ich erschuf diese für mich als Rückzugsort. Und auch mein Dämon hatte schon viele Namen, bevor er zu Jan, Sethos und Aquila wurde. Oder Lesley. Es gibt auch keine klare Abgrenzung mehr, welcher Teil von mir nun der Dämon ist und welcher nicht. Genau genommen gibt es keine Grenze mehr in mir. Ich bin, was ich bin. Einige meiner Verhaltensmuster passen besser in die allgemeine Realität als andere, manche gar nicht. Aber was soll's? Muss ich denn immer passen? Funktionieren? Lügen, um dazu zugehören? Masken, Fassaden, Rollen … in der allgemeinen Realität lebenswichtig, verblassen in MEINER Realität zu Bedeutungslosigkeit. Dort bin ich ICH! Und genau dieses ICH-Sein brauche ich überlebensnotwendig. Nicht ICH sein zu können, ist die wohl schlimmste Folter, die ich mir vorstellen kann. Sie schmerzt nicht sofort und auch nicht extrem, aber sie schmerzt dauerhaft. Eine latente Qual, ein Dorn, der nie verschwindet, oder wie Jan es fühlt: ein Dolch, der im Herzen steckt, Tag für Tag. Deshalb verlasse ich täglich mehrmals für einige Zeit die allgemeine Realität und tanke Kraft in MEINEM Universum, lehne mich an meinen Dämon an, versinke in der Umarmung von Jan und Jana – und manchmal auch in einem heißen Flirt.

Früher fiel ich aus der allgemeinen Realität nicht freiwillig und bewusst, sondern dann, wenn es absolut unerträglich wurde. Dann brach aus mir heraus, was ich lange und qualvoll unterdrückt hatte, dann zeigte sich der Dämon von seiner zerstörerischen Seite. Ich verletzte andere und am meisten mich selbst, vernichtete, was ich erschaffen hatte. Nichts durfte Bestand haben, am wenigsten ich selbst. Manche Ausbrüche zeichneten sich ab, andere kamen überraschend. Angenehm war keiner. Im Nachhinein betrachtet staune ich immer wieder, wie ich diese Zeit meines Lebens überstanden habe, ohne noch mehr Schaden anzurichten. Aber vielleicht hat mein Dämon damals schon auf mich aufgepasst, ohne dass ich es merkte. Vielleicht war mein

Wille zu leben stärker als alles, was die Welt „scheinbar“ dagegensetzte. Heute bin ich mir nicht mehr sicher, ob es wirklich die Welt war, die mich im Kerker der Dunkelheit gefangen hielt, oder ich selbst, weil ich nicht glaubte, etwas anderes verdient zu haben? Dieser Gedanke spiegelt sich in einer Aussage von Jana wieder, als sie zu Jan sagt: „Es ist nicht die Dunkelheit, die dich festhält, sondern du hältst an ihr fest. Lass sie los und werde frei.“

Als ich mich - mehr oder weniger unbewusst – entschied, in diese Dunkelheit zu gehen um meinem Dämon nach Jahrzehnten der Ablehnung endlich ins Auge zu blicken, durfte ich erkennen, dass nichts so war, wie ich es erwartet hatte – und ich verliebte mich in meinen Dämon, ich verliebte mich in mich selbst, in jenen Teil, den ich so lange als Fluch gesehen hatte, und der sich nur nach dem einen sehnte, nach Liebe, nach einer Umarmung – wie ich selbst.

Heute erkenne ich, wenn die Grenze näherkommt, wenn die Dunkelheit ihre Arme nach mir ausstreckt. Dann mache ich einen Schritt zur Seite, lasse Janas Licht durch mich strömen, lehne mich an Jan an, fühle die Geborgenheit in der Umarmung meines Drachen, sehe das Zittern in den Augen das Dämons, die Furcht davor, allein zu sein, gefangen, ausgeliefert, schutzlos – und ich spüre, wie das Feuer durch meine Adern pulsiert, wie der Phönix seine Schwingen ausbreitet, sein Licht meine Welt flutet und ich mich aus der Dunkelheit erhebe, wieder geboren.

So einfach? Ja, so einfach ist es! Es hat Jahre, Jahrzehnte gebraucht, es zu lernen, aber heute ist es so einfach. Und cool. Oder eigentlich heiß. Je nachdem, wie man es betrachten will. Jedenfalls braucht es nichts und niemanden im außen dazu, nur mich selbst – vollständig. Und damit meine ich jede Zelle meines Körpers, jeden Gedanken, jedes Gefühl. Alles gehört dazu. Jan und Jana. Eben JAN/A.

[Das sagt doch alles, oder? Falls Sie tatsächlich noch Fragen haben, schreiben Sie mir eine E-Mail an lesley.b.strong@gmx.net. Ich werde Ihnen antworten.]

Irgendwo & irgendwann

Ich sah dein Gesicht zwischen gleißendem Licht hoch oben in der Krone eines Baumes.
Ich sah deine Augen glitzern im dunklen Wasser einer im Fels verborgenen Quelle.
Ich sah deinen Körper, der über ein Kornfeld schritt, das sich sanft im Winde wog.

Ich spürte deine Hand in meinem Haar – versteckt in der Brise, die vom Meer herüberzog.
Ich spürte deine Berührung auf meiner Haut – in einem Sonnenstrahl am Morgen.
Ich spürte deinen Atem, der so nah war, dass die Grenzen der Körper verschwanden.

Ich hörte deine Stimme aus weiter Ferne im Rauschen der Brandung,
und doch so klar wie einer Möwe Schrei.
Ich hörte deine Schritte mit dem Wind vorüberziehen.
Ich hörte deine Worte, die aus des Mondes Licht zu mir drangen.

Und ich frage mich, wer du bist –
und wo ich dich finden werde – und wann?

Ich weiß es nicht, aber irgendwo und irgendwann – wirst du da sein!

(1996)

Im Herbst 2018 war ich da. Angekommen. In meinem Leben. Die, die ich immer gesucht hatte, hatte mich gefunden.

Rückblickend betrachtet, waren es jene drei folgenreichen Tage, die es letztendlich ermöglicht hatten:

Der 20. Mai 2013, als ich mich entschied, Hilfe anzunehmen und damit die entscheidende Kurskorrektur einleitete. Damals akzeptierte ich für mich, dass ich die Probleme in meinem Leben selbst auslöste – und sie somit auch selbst lösen konnte. Es war der Ausstieg aus der Opferrolle, wie in Kapitel 4 beschrieben.

Der 04. August 2013, zu dem ich Ihnen noch eine kurze, amüsante und einmal mehr „unglaublich, wie alles zusammenpasst"-Geschichte erzählen möchte. Nach meinem Burnout absolvierte ich auch einen dreiwöchigen Kuraufenthalt in Bad Gastein. Es war das erste Mal in meinem Leben, dass ich mich für einen so langen Zeitraum zurückziehen und auf mich selbst fokussieren konnte. Die Auswirkungen waren enorm. Ich verbrachte viel Zeit mit mir alleine in der Natur. So auch an diesem Sonntag, als ich mich bewusst dafür entschied, alleine eine ganztägige Bergwanderung über einen Pass in rund 2.500 m Seehöhe zu unternehmen. Also, erstens war ich bis dahin nicht unbedingt die „Bergziege" schlechthin, zweitens war ich nie alleine in den Bergen unterwegs gewesen und drittens, hatte ich während meiner letzten Begehung dieser Route in Begleitung einen (psychosomatischen) Asthmaanfall. Und nun wollte ich alleine los und noch dazu nicht nur bis zur Hälfte und dann umkehren wie bisher, sondern die

Runde über den Pass bis ins Tal auf der anderen Seite gehen.

[Fragen Sie mich bitte nicht, ob das klug war. Ich wollte es unbedingt!]

Während des 3,5 km langen Aufstieges, einem alpinen Steig (für Nicht-Bergwanderer: stellen Sie sich vor, Sie steigen gute zwei Stunden lang Stiegen nach oben und nichts anderes), spürte ich mich so intensiv wie selten zuvor – und damit meine ich nicht, dass ich meinen Herzschlag bis in den Kopf wahrnehmen konnte und phasenweise ziemlich außer Atem war (kleine Untertreibung). Nein, ich spürte MICH, nicht so sehr die Anstrengung, sondern mich! Vielleicht ist das für jemanden, der den Zustand des Entkoppelt-seins nicht kennt, schwer zu erfassen, wie eindrucksvoll es sein kann, sich selbst zu spüren, tief in seinem inneren einen gefühlten Ozean der Gelassenheit wahrzunehmen, der durchdrungen ist von der Gewissheit, das ALLES in BESTER ORDNUNG ist, genauso, wie es immer sein sollte – geborgen, gehalten, eins mit dem Leben und mir selbst. Da war kein fremdes Ziel mehr, dem ich nachhetzte, nichts mehr zu beweisen, niemanden, nicht mal mehr mir selbst – ich war einfach nur da … existierte im Augenblick, im Sein, in mir selbst!

Ich meisterte also die erste Etappe (jene, die mit negativen Erfahrungen behaftet war) und erreichte einen kleinen, eiskalten Bergsee. Normalerweise stehe ich nicht auf kaltes Wasser, aber nach dem Aufstieg an einem heißen August-Sonntag war es unglaublich erfrischend, sich in das kristallklare Wasser zu stürzten mit all den positiven Emotionen, die durch meinen Körper zirkulierten.

Ich ging weiter, über den Pass, auf der anderen Seite weiter, bis zu jenem langgezogenen Weg, der am Graukogel entlang bis zur Bergstation des Sesselliftes verlief. Der Pfad war ziemlich flach und schmal, ungefähr 30 cm breit, rechts ging der Hang steil bergauf, links steil bergab. Im Grunde kein schwieriger Weg, solange man alleine unterwegs war und niemandem ausweichen musste. Ahnen Sie es schon? Gegen Ende des Weges, eigentlich schon fast in Sichtweite zur Bergstation und in dem Erkennen, dass sich langsam am Himmel über mir ein Gewitter zusammenbraute und ich unter Zeitdruck geriet, wenn ich noch die letzte Seilbahn erwischen wollte, tauchte ein Hindernis auf. Und was für ein Hindernis! Während ich auf diesem schmalen Weg vor mich dahin trottete, trottete ein Stier (!) von der anderen Seite auf mich zu.

[Ja, ein leibhaftiger Stier, den ich in meinen Schilderungen gerne auch „Viele Steaks auf 4 Beinen" bezeichne, kam mir – einem astrologischen Stier – entgegen. Sind sie schon einmal vor einem Stier gestanden? Wissen Sie, wie breit der sein kann? Auf so einem schmalen Weg noch dazu?]

In quasi letzter Sekunde tat sich vor mir ein rettender Flecken Erde auf, eine kleine Fläche zwischen dem Weg und einer Zirbe, kaum größer als ein Quadratmeter, auf die ich mich zurückzog, um meinem massigeren „Totemtier" den Vortritt zu lassen. Ich kann ein sturer Stier (oder Drache) sein, aber mit dem vielfachen meiner eigenen Körpergröße lege ich mich nicht an, schon gar nicht auf einem schmalen Grat wandelnd. Während ich also da saß und wartete, bis „El Toro" gemütlich an mir vorbeitrabte, dabei hin und wieder noch ein paar Kräuter aus dem Wegrand zupfte und genüsslich zwischen seinen mächtigen Kiefern zermahlte, erheiterte mich die Symbolik des Augenblicks: Ein Stier hatte dem Stier seine Grenzen aufgezeigt! Ich hatte einen Plan, ein Ziel und setzte alles daran, es (also die letzte Seilbahn) zu erreichen. In der Vergangenheit hätte ich vermutlich versucht, es irgendwie „hinzubiegen" und wäre dies nicht möglich gewesen, wäre ich mit großer Wahrscheinlichkeit in einen äußerst destruktiven emotionalen Zustand abgedriftet, weil „Versagen geht gar nicht". Aber an diesem Tag setzte ich mich ins Gras, kaute an einem Halm und wartete ab – in einem Gefühlszustand, der eine Mischung aus Zufriedenheit, Vertrauen und Sich-Geborgen-Fühlen war.

Wie's ausging? Der Stier zog vorüber, das Gewitter ließ noch etwas auf sich warten, ich erreichte noch die letzte Seilbahn und das Tal im trockenen Zustand. An diesem Tag bewies mir das Leben auf eindrucksvolle Weise, was es bedeutet, „gehalten" zu werden.

Und nun der dritte, entscheidende Tag: Der 13.Oktober 2017, als ich mich mit meinem Laptop im Arbeitszimmer auf die Coach setzen, die große weiße, flauschige Decke über meine Beine schlug, via Ohrstöpsel in die Melodien von Enya eintauchte und in den Emotionen von Yanara wiederauftauchte. So wie ich es auch in diesem Augenblick, da ich diese Zeilen in die Tasten tippe, tue – nur mit einer kleinen Adaptierung.

Heute höre ich auch andere Musik. Jetzt gerade ist es „Unbreakable“ von Two Steps from Hell. Wieder so eine Allegorie. Unbreakable – unzerbrechlich – das bin ich, das war ich immer. Eine Seele kann nicht wirklich zerbrechen, davon bin ich heute überzeugt. Aber der Mensch kann glauben, dass er zerbrochen wurde, und dann fühlt es sich auch so an und er verhält sich entsprechend. In meiner Wahrheit (und ich meine wirklich mein Verständnis von „der Wahrheit“) ist und war alles immer so, wie es sein soll, in jedem Augenblick, und damit war und ist es im Einvernehmen mit dem großen Ganzen, mit jener Ordnung, die das Universum und das Leben durchzieht. Manche mögen dem ganzen einen religiösen Anstrich geben, für mich ist es mehr spirituell.

Es brauchte viel Zeit, bis ich lernte, dem zuzustimmen, was ist. Das bedeutet jetzt nicht, dass ich alles schweigend hinnehme und akzeptiere, mich quasi dem Schicksal ergebe. Ich stimme dem zu, was ist. Und ich überlege mir, ob ich es so belassen will, oder ob und was ich wie verändern will, ob ich es überhaupt verändern kann, ob es überhaupt meinem Einfluss unterliegt. Dinge oder Umstände, die nicht meinem Einfluss unterliegen, die ich also nicht verändern kann, akzeptiere ich, wie sie sind. Alles andere wäre Zeit- und Energieverschwendung.

[Interessanterweise befassen sich sehr viele Menschen damit, sich über etwas aufzuregen, dass sie nicht verändern können, während sie gleichzeitig jenes, das sie möglicherweise verändern könnten, ruhen lassen.

Der Mensch ist und bleibt paradox – und gerade deshalb liebenswert.]

Wenn für mich die Chance besteht, etwas zu verändern, dann tue ich das auch. Dabei gilt natürlich der Grundsatz: Do or do not, no try there is!

[Sie kennen dieses Zitat? Klar – Meister Yoda. Tu es, oder tu es nicht. Es gibt kein versuchen.]

... und manchmal falle ich dabei auf Nase. Nicht alles gelingt. Das ist so. Das gehört zum Leben – und heute kann ich damit leben, ohne in Selbstzweifel oder schlimmeres zu verfallen. Vielleicht habe ich damit etwas erreicht, dass man als „normal" bezeichnet. Auf der anderen Seite: Ich kenne viele Menschen, die keine Borderliner sind, und das „Normale" auch nicht hinkriegen. Wo ist also der Unterschied? Vielleicht in der Tiefe des Fühlens? In den Impulsen, die manchmal nur schwer auf Kurs zu halten sind? Vielleicht ist der Unterschied aber auch viel subtiler.

Erlauben Sie mir einen romantischen Gedanken an dieser Stelle: Vielleicht ist es einfach so, wie in den alten Märchen? Eine Art von Magie, die manche Menschen in sich tragen, und andere nicht, oder weniger, oder sie erkennen sie nicht. Diese Art von Magie, sie vermag unbeschreiblich Schönes zu bewirken, aber auch entsetzlich Schmerzvolles auszulösen. Ein wenig ist es wie mit allem im Leben, denn alles hat zwei Seiten, auch diese Magie. Nur – sie ist leider ein wenig aus der Mode gekommen, entspricht nicht mehr dem Zeitgeist. Unsere moderne Welt, die sich so sehr auf Leistung, Tempo, Status, Perfektionismus und immer mehr davon ausrichtet, in diese Welt passt jene Magie nicht mehr. Eine Magie, die bestimmt wird von einer fast grenzenlosen Tiefe im Fühlen, einem naiven (und das meine ich absolut liebevoll!) Wunsch nach bedingungsloser Liebe und wahrhaftiger Geborgenheit. Wahrlich, diese Magie scheint nicht mehr in das 21. Jahrhundert zu passen – und doch, da sind diese vielen Menschen, die in sich diese Magie tragen, die nicht genau wissen warum, aber sie fühlen, dass sie nicht in diese Welt passen – oder diese Welt zu ihnen. Um zu überleben, lernen sie sich anzupassen und die Magie zu verbergen, und damit verschwindet ihr strahlendes Licht, von dem nur ein kleines Flämmchen inmitten von Dunkelheit zurückbleibt. Was wäre wohl möglich, würde sich die Welt ein wenig zurückbesinnen auf die Magie, die sie verdrängt hat? Würde sich das allzu viel an Schein wieder in mehr Sein wandeln? Würde das Licht aus Liebe, Geborgenheit und Anerkennung sich mit jedem Sonnenaufgang über den Horizont der Unbewusstheit erheben? Eine romantische Hoffnung, doch ich mag an ihr festhalten – so wie der Dämon an mir festgehalten hat. Einst sah ich in ihm (meinem BPS) einen Fluch, heute sehe ich darin Magie. Ich liebe meinen Dämon!

… und das habe ich am 07.02.2019 in einem Brief an mich selbst festgehalten:

Hey, Du, ich weiß ehrlich gesagt nicht, wo ich anfangen soll. So viele Jahre hab' ich Dich nicht beachtet, Dir für so vieles die Schuld gegeben. Dabei warst Du der einzige Mensch, der immer für mich da war, immer bei mir war, Tag und Nacht, in guten wie in schlechten Zeiten. Nicht ein einziges Mal hast Du mich Stich gelassen – und ich wollte Dich so oft verstoßen, habe Dich abgelehnt und missachtet, weil ich nicht erkannte, wer Du in Wahrheit bist.

Als mir klar wurde, dass Du das beste und wertvollste bist, dass ich je in meinem Leben finden würde, wagte ich kaum noch, Dir in die Augen zu sehen. Hättest Du die Tür vor mir verschlossen, ich hätte es verstanden. Doch Du hast mich nur angeblickt, ein wenig zaghaft lächelnd, unsicher, ob Du mir vertrauen kannst nach all dem, was ich Dir angetan hatte. Nie werde ich diesen Moment der Versöhnung vergessen. Deine Augen haben mich angestrahlt, so voller Freude und Liebe, dass ich die Tränen in ihnen fast übersehen hätte, hätte ich sie nicht auf meinen Wangen gespürt. An diesem Tag fand ich Dich im Spiegel, die, die ich solange gesucht hatte.

Es hat beinahe ein halbes Leben gedauert, bis wir endlich zueinander gefunden haben, bis ich mich in die Geborgenheit Deiner Umarmung fallen lassen konnte, bis kein Vorurteil, keine Erwartungshaltung mehr zwischen uns stand, bis wir beide sein durften, was wir immer waren: ein feuriger Funke Lebensfreude, der lachend durch dieses Leben tanzt.

In Liebe & Verbundenheit – auf ewig, Lesley

8. … UND MORGEN?

Das Morgen entsteht im Jetzt aus den Erfahrungen der Vergangenheit. So simpel die Theorie, so komplex ist im Vergleich doch die Praxis. Wenn ich an die Zukunft denke, halte ich mir stets auch vor Augen, wo ich einmal war. Nichts bringt dies besser zum Ausdruck, als folgende Zeilen:

Wie umarme ich einen Kaktus?

Publiziert am 29. Januar 2013 von Philosopherl

Manche Menschen machen es wirklich schwer sie zu lieben. All die Bemühungen, all das, was für sie getan wird, sie sehen es einfach nicht. Wir tun alles für sie und es kommt nichts zurück. Nur die Kanten und Ecken, die sind zu spüren. Es ist, als würde man einen Kaktus umarmen.

Womit hat man das eigentlich verdient? Aber die Liebe ist so groß, dass sie selbst das aushält. Beziehungs-Nadelkissen sind da echt stachel-geprüft und schaffen es, auch einen Kaktus zu umarmen.

Das ist eine Wahrheit.

Manche Menschen machen es wirklich schwer sie zu lieben. Sie nennen den anderen Kaktus, doch insgeheim beneiden sie den anderen. Vielleicht weil er lebt, was sie sich nicht trauen? Vielleicht weil er lebt, was sie an sich selbst verurteilen? Vielleicht weil er ein Spiegel ist, in den sie nicht blicken wollen?

Topf und Deckel finden sich. Der Kaktus sticht, und der andere leidet – und findet sich möglicherweise im Leid, in der Bestätigung, doch so viel mehr auszuhalten und mehr für den anderen zu tun, im Mit-Leid und der Bestätigung aus dem Umfeld, im sich-besser-fühlen-weil-besser-sein ... wer sticht den nun wirklich?

Auch das ist eine Wahrheit.

Manche Menschen machen es wirklich schwer sie zu lieben. Weil sie Liebe nicht erkennen, selbst wenn sie in Großbuchstaben vor ihnen steht. Weil ihr inneres Weltbild auf Leid fokussiert ist und dies in allem erkennt (was ja auch stimmt, nur gibt es auch einen zweite "ausgeblendete" Seite der Wirklichkeit).

Projizieren sie auf den Kaktus ihre eigene Unnahbarkeit (zu sich selbst)? MUSS der andere Stachel haben, weil es anders nicht sein kann, sein darf ...?

Noch eine Wahrheit.

Und es gibt noch viele Wahrheiten.

Wie umarme ich nun einen Kaktus?

Tipp: umarme Dich zuerst selbst. Wenn Dir das gelingt (voll und ganz ... ohne Vorbehalte, ohne Wenn und Aber ... ohne Würgen im Hals ... ohne Fluchtgedanken, Zynismus ... also ehrlich, offen und von ganzem Herzen).

Wer weiß, vielleicht hat der Kaktus bis dahin gar keine Stacheln mehr?

Als ich diese Zeile schrieb – und auch schon einige Zeit davor – beschäftigte mich der Gedanke, warum meine Suche nach Liebe und Geborgenheit immer wieder auf „stachlige Ablehnung" traf. Es brauchte einige Zeit, bis ich erkannte, dass ich es war, die mit Stacheln durchs Leben lief und niemanden an sich heranließ. Dennoch sah ich mich damals als das Opfer, die Leidende. Gefangen in der Selbsttäuschung.

Der Kaktus hat mich gelehrt zu hinterfragen. Treffe ich im Heute auf Ablehnung, richte ich stets auch die Frage nach innen, welcher Spiegel mir dabei gerade vor die (Drachen-)Nase gehalten wird?

[DAS durfte Jan sehr intensiv für mich ausleben und reflektieren. Mein Drache wurde ordentlich gefordert.]

Was lehne ich ab? Ist die Ablehnung im Außen nur das Echo meines inneren Bildes? Diese Fragen helfen mir dabei zu unterscheiden, mich zu orientieren innerhalb der Flut an Wahrnehmungen, die manchmal nicht leicht zu differenzieren sind (ich – die anderen?). Daraus folgt die Klarheit für den nächsten Schritt. Und ich habe noch so einiges vor.

Schreiben wird ein wichtiger Teil meines Lebens bleiben. Schreiben war, ist und bleibt für mich ein Weg, um mit mir selbst in Kontakt zu kommen und zu bleiben, um mich selbst zu reflektieren und zu verstehen und manchmal auch, um lebensfeindliche Programme (sofern noch welche vorhanden sind) in lebensbejahende umzufunktionieren.

Ein Programm dazu habe ich schon 2013 geschrieben, auch wenn ich es damals noch nicht leben konnte:

Selbstwert ohne Wenn und Aber ...

Publiziert am 15. April 2013 von Philosopherl

Es hat doch was Gutes, wenn der eigene Selbstwert nicht von der Meinung anderer abhängig ist, wenn man sich von "beiläufigen Bemerkungen" nicht ins Bockshorn jagen lässt und gleich zum Schönheitschirurgen läuft, nur weil mal jemand meint, man/frau sei heute auch nicht mehr ganz taufrisch.

Selbstwert(voll) ohne Wenn und Aber ... und vor allem unabhängig von äußerer Zustimmung. Oder anders gesagt: autark in der „ich-über-mich-Meinungsfindung".

So weit – so gut.

ABER nicht so einfach. Ohne dem Regulativ der äußeren Meinung besteht die Gefahr, bei der Selbstwahrnehmung abzugleiten. Sich zu verirren in einem verzerrten Selbstbild. Verzerrt in jegliche Richtung: von selbstherrlicher Überschätzung über Arroganz bis zu dem dunkelsten Schwarz an Düsternis und alles mies.

Es gilt die Balance zu finden, zwischen der Fahne im Wind, die jedes Lüftchen in eine andere Richtung lenkt, und dem Fels in der Brandung, der allen Gezeiten widersteht.

Auf sich selbst hören und auf andere. Die Vielfalt der Meinungen (und es handelt sich immer nur um subjektive Meinungen - niemals um eine objektive Wahrheit) vereinen und vielleicht erspähen wir im Laufe der Zeit einen kurzen Blick auf den Edelstein, der wir sind, reicher an Facetten als wir wahrzunehmen vermögen.

Heute habe ich dieses Programm in einer Kurzfassung implementiert: **I am what I am!** ... die vollständige Fassung ist an den gleichnamigen Song von Gloria Gaynor angelehnt. Mehr braucht es (für mich) nicht. Einmal reinhören in den Song und ... voilá. Programm reaktiviert (falls es zwischendurch mal abstürzen sollte).

Aber zurück zu „Selbstwert ohne Wenn und Aber“: Nach wie vor übt es eine nicht zu beschreibende Faszination auf mich aus, wenn ich diese alten Texte aus diversen Ordnern hervorkrame und mir denke: Wow, ich wusste es damals schon. Warum habe ich es nicht umgesetzt? Und schon startet das „Was wäre, wenn...“-Denken inklusive einer nörgelnden Anklage. Doch wenige Augenblicke später nehme ich den Drachen an die Leine (sprichwörtlich), atme ein paar Mal tief durch und lasse mich in ein Gefühl aus Dankbarkeit und Zufriedenheit fallen, dass es JETZT so ist, das ich es JETZT verstehen und umsetzen kann. Es könnte schließlich auch anders sein. Ich könnte es noch immer nicht gecheckt haben – auf gut Neudeutsch. Also Schluss mit „Was wäre, wenn ...“. ES IST – JETZT. Und morgen wird noch viel besser.

Einen Schritt nach dem anderen. Jeden Tag ein Stückchen weiter auf dem Weg. Das Ende? Keine Ahnung, wo das auf mich wartet? Vermutlich beim letzten

Atemzug. Wo sollte es sonst auch sein? Am Ende der eigenen Entwicklung angekommen zu sein und dann noch weiterzuleben – was bleibt dann noch zu leben? Leben ist Bewegung, Veränderung, Wachstum. Leben existiert nicht im Stillstand. Hatten wir das nicht schon mal? Keine Ruhe, ständige Beschäftigung ... Sie erinnern sich? (Kapitel 3.8: Mit Vollgas an die Wand).

Ja und Nein. Es ist das gleiche, aber anders. Der Unterschied liegt in der Intension dahinter. Denken Sie an Mirsakarim Norbekov und seine drei Einstellungen, welche die Wirkung einer Übung beeinflussen können. War Aktivität für mich früher gewissermaßen zwanghaft, um mein Dasein rational als „lebendig" einzustufen, ist es heute die Freude am Erleben, die mich begleitet. Die Dosis mag nicht mehr gleichbleibend auf „Knapp unter dem absoluten Limit" sein, das Tempo ist dennoch meistens recht hoch. Ich arbeite nun mal schnell und ja, ich tippe schon mal gut und gerne 2.500 Anschläge in 10 Minuten, beidhändig. Aber meine Motivation ist eine gänzlich andere geworden. Ich weiß heute, wer ich bin, was ich kann, was ich will, wohin ich will, was alles in mir schlummert und ich habe gelernt, damit umzugehen – und vor allem: Das Ganze mit einer großen Portion augenzwinkerndem Humor zu nehmen.

Wenn ich also heute über mein Borderline-Syndrom berichte, dann erzähle ich nicht von einer Krankheit oder einer Störung. Meine Meinung zu beiden Bewertungen habe ich schon eingangs dargelegt. Nein, ich schildere in leuchtenden Farben und stimmungsvollen Bildern jene Geschichte, wie ich mich in meinen Dämon verliebte, der so unwiderstehlich ist, dass mir gar keine andere Wahl blieb als mich in die Geborgenheit seiner Arme fallen zu lassen.

[... es wäre ja auch bedenklich, könnte ich mir selbst widerstehen. Selbstliebe hat nichts mit Narzissmus zu tun, sondern mit einer gesunden Portion Egoismus. Wer passt schon auf mich auf, wenn ich das nicht tue? Schließlich bin ich die einzige, die ständig mit mir zusammen ist. Humor gehört ebenso dazu wie Geduld, Streicheleinheiten und hin und wieder ein kräftiger Tritt in den eigenen ... Sie wissen schon ☺]

Vor einer halben Ewigkeit las ich das Buch „Schicksal als Chance“ von Rüdiger Dahlke und Thorwald Detlefson. Nun, wenn ich mein BPS oder meinen Dämon als Schicksal betrachte, dann sehe ich gleichzeitig auch die Chance darin. Vielleicht habe ich gerade deshalb, WEIL ich lange Zeit von meinen Gefühlen entkoppelt war, gelernt, sie auf intensive Art und Weise zu beschreiben, ihnen möglicherweise mehr Beachtung zu schenken als andere Menschen, die den Zustand der Entkoppelung nicht kennen. Mein Erzählstil spiegelt meine Empfindungen, meine Geschichten und meine Erfahrungen wider. Beides brachte mich bisher, auf diese Seite in diesem Buch. Wer weiß, wohin sie mich noch bringen werden? Wer weiß schon, was morgen sein wird?

Mir ist bewusst, dass noch einige Lernaufgaben und Herausforderungen auf mich warten. Noch ist nicht alles gelöst, vielleicht wird es das auch nie sein. Auch wenn ich mittlerweile über lange Phasen hinweg ausgeglichen bin, gibt es dennoch zwischendurch auch Stunden oder Tage, da bin ich es nicht. Manchmal gerate ich noch in für mich schwierige Situationen insofern, dass ich etwas liebend gerne tun würde, es aber nicht kann, weil alte Blockaden mich noch davon abhalten. Und hin und wieder kann es auch zu einem impulsiven Ausbruch kommen. Aber ich kann mittlerweile mit all diesen „Prüfungen" umgehen, ohne allzu großen Schaden an mir oder in meinem Umfeld anzurichten. Mit ein wenig Beharrlichkeit – und ein sturer Drache kann ich sein – werden sich auch diese Wolken verziehen und das Licht alle Teile des Spiegels erhellen, jenes Licht, das man auch Bewusstheit nennen könnte, aber das klingt für mich mitunter zu trocken, zu sachlich, zu pragmatisch...

Bis es soweit ist, dass alle Teile von mir ständig gemeinsam in diesem Leben wirken, sich also auch das letzte Wölkchen verzogen hat und ich im Licht des Phönix durch dieses Leben wandle, wird vielleicht noch der eine oder andere Tag ablaufen wie dieser:

30. Jänner 2019

Mies geschlafen. Am Abend zuvor war ich unruhig, der Körper angespannt und kaum zur Ruhe zu bringen. Und die Gedanken erst! Als um 06:30 Uhr der Wecker läutet, scheint die Bettdecke aus Blei zu sein. Es kostet eine Menge Kraft und Überwindung, mich ins Badezimmer zu schleppen. Ja, ich habe im Moment mehr Arbeit, als gut für mich ist. Ja, ich kurve mal wieder am Limit. Ja, es löst bereits Stress im Umfeld aus, und ja, es ist mir bewusst, aber ich schiebe es wie meistens zur Seite. Durchbeißen! Kalkuliertes Risiko. Wie lange kann ich in diesem Zustand bleiben ohne Schaden zu nehmen oder anzurichten? Ein paar Tage durchhalten sind noch drin …

Bloß nicht nachdenken. Die Gedanken ausrichten, fokussieren auf den nächsten Schritt. Es ist mühsam, ermüdend, zermürbend, doch ich weiß auch, es ist nicht real – weder der Schmerz, der meinen ganzen Körper zu lähmen scheint, noch die Gedanken, die mich in Richtung Dunkelheit zu ziehen versuchen. Was ich fühle, passt nicht zur Situation. Abgesehen von der Arbeitsüberlastung ist mein Leben in Ordnung. Doch meine Emotionen wollen mir ein Weltuntergangsszenario verkaufen.

Ab in die Routine und auf Schiene. Manchmal ist diese Strategie hilfreich, Disziplin notwendig. Rein in den Kampfzwirn, Camouflage auftragen, Mascara, alles nach Fahrplan. Bevor ich noch zur Tür rausgehe, ein Blick in den Spiegel – und ich sehe genau, wo ich stehe und eigentlich nicht stehen will. Also Stöpsel in die Ohren und ab in die Musikbibliothek. Die Klavierversion von Careless Whisper. Bereits bei den ersten Noten blitzt ein unverschämtes Grinsen durch mein Gesicht, erinnere ich mich wieder daran, was Jan und Jana begleitet von dieser Melodie so alles angestellt haben. Emotionen sind mit der Melodie gekoppelt, tief in mir verankert, über Stunden und Stunden, und sie aktivieren ein bewusst geschriebenes Programm, sie aktiveren JAN/A. Schlichtweg genial, was wir als Menschen tun können, mit uns selbst und dem, was in unserem Kopf abläuft.

Draußen ist es saukalt. Nur ein paar Schritte, dann bin ich bei meinem Wagen. Eiskratzen mit Musikbegleitung. Leichtigkeit breitet sich in mir aus. Was auch immer die Welt über meine beschwingten Schritte in dieser dafür wohl unpassenden Situation denken mag – es ist mir egal. Sie ist da draußen – und ich bin ich. Die Dunkelheit löst sich langsam auf, wird vertrieben von der Sonne, die sich gerade über den Horizont erhebt – ob in echt oder in meiner Vorstellung, was soll's? Der eiskalte Autositz unter dem Allerwertesten ist zwar keine prickelnde Angelegenheit, aber darauf verschwende ich keine Gedanken. Von Minute zu Minute und mit jedem Meter kehre ich weiter und weiter in jene Welt zurück, in der ich sein will. Ich spüre den Drachen in mir, noch leicht grollend, und den Phönix, dessen sanftes Licht uns beide durchflutet – bis da nur noch ICH bin.

Den morgendlichen Stau auf der meist befahrenen Autobahn Österreichs vermeide ich schon seit Monaten. Auch wenn die Alternativstrecke ein paar Minuten länger dauert, ich quäle mich doch nicht selbst bereits früh am Morgen. Deshalb kurve ich durch ein paar abgelegene Ortschaften, zwischen denen sich verschneite Wiesen zwischen den Waldstücken ausbreiten – und darüber beleuchtet die aufgehende Sonne eine lockere Wolkendecke, die sich von orange bis lila-pink farbenprächtig über den Himmel spannt. Spätestens jetzt bin ich angekommen, wo ich sein will.

Ein paar Kilometer weiter, in der „Einflugschneise" nach Wien – so nenne ich das Endstück der Außenringautobahn gerne – liegt die Stadt unter mir im Morgendunst. In mir fühle ich jenen Adler über dieser Stadt schweben, der einst Aquila und Amaranthia zusammenführte und ein ganz besonderes Gefühl: Freiheit! Ich habe mich entschieden, hier zu sein. An diesem Tag, an diesem Ort, in diesem Leben. Ausgeliefert? Bin ich nicht, ich kann mich jederzeit anders entscheiden. Hilflos? Echt jetzt? In mir ist so viel, auf das ich zurückgreifen kann: Stärke, Wissen, Erfahrung, unzählige Verhaltensmuster, die ich über meine vielen Rollen generiert habe und die ich bewusst dort einsetzen kann, wo diese sinnmachen. Vielleicht bin ich anders, aber eines bin ganz sicher: bei mir selbst angekommen!

Ö3 schafft es an diesem Morgen noch, auf meinen Re-Connecting-Prozess eins draufzusetzen: Tina Turner mit „The Best“. Diesen Song habe ich mehrfach in JAN/A eingebettet, damit Jan und Jana zusammengeschweißt und ihre Liebe zelebriert. All diese Emotionen fluten durch meinen Geist und meinen Körper. Let's rock the day!

Auf der Heimfahrt am Abend wird mir bewusst, dass wieder einmal etwas anders ist, als ich dachte. Bis zu diesem Tag ging ich davon aus, meinen Job in Stressphasen nur durch die Entkopplung von meinem Emotionen ausüben zu können, weshalb ich öfter als gewollt zu einer Art „Arbeitsroboter“ mutierte. Doch an diesem Morgen wurde mir klar, dass es noch eine andere Möglichkeit gibt: Ich kann die Kopplung zu meinen Emotionen aufrechterhalten, sie jedoch zeitlich begrenzt gewissermaßen auf „Mute“ schalten, um hochkonzentriert und fokussiert zu arbeiten. Das ist vermutlich für viele Menschen alltägliche Routine, doch für jemanden wie mich, eine Borderlinerin mit eingeschränkter Impulskontrolle: der absolute Hammer! Quasi auf Knopfdruck der Fels in der Brandung, um anschließend wieder mit Empathie mit Kolleginnen zu interagieren, Planung und Controlling pragmatisch abzuwickeln ... ohne mich selbst zu verleugnen, zu unterdrücken oder etwas anderes in dieser Richtung. Wieder ein paar Wolken gelichtet.

Ja, ich tanze am Limit. Hin und wieder ist das notwendig – auch wenn ich es absolut niemandem empfehle! Es gibt auch Tage, da lässt sich der Schalter nicht so einfach umlegen. Dann drehe ich auch schon einmal um und nehme mir mehr Zeit als ein paar Songs, um wieder in Balance zu kommen. Aber egal wie lange es dauert, das geniale ist, dass ich meinen Zustand mittlerweile erkennen und verändern kann. Die Achterbahn bestimmt nicht mehr mein Leben, sondern ich selbst.

Manchmal werde ich gefragt, was ich mache, wenn ich völlig geheilt sein werde, also alle Borderline-Muster verschwunden sein werden. Ganz ehrlich: Das will ich gar nicht! Ich bin, was ich bin. Und ich möchte niemals vergessen, wo mein Weg begann, was ich alles erlebt und überwunden habe, um dorthin zu gelangen, wo ich heute bin. Selbst wenn es heute kaum mehr jemand bemerkt und die meisten Menschen erstaunt reagieren, wenn ich ihnen eröffne, dass ich eine Borderlinerin bin, ich will und werde es nicht länger verleugnen, verstecken oder als „geheilt" bezeichnen. Das wäre nur eine neuerliche Täuschung. Abgesehen davon, die Erinnerung lehrt mich zu schätzen, was ich erreicht habe und es nicht als selbstverständlich zu sehen. Wir Menschen neigen manchmal dazu, Dinge, die wir uns zuerst mühsam erarbeitet haben, später in ihrem Wert herabzusetzen, weil sie zur Gewohnheit geworden sind, anderes uns beschäftigt und wichtiger oder bedeutender erscheint.

Ich bin Borderlinerin, und ich werde es immer sein. Ich trage einen Dämon in mir, und ich liebe diesen Dämon bedingungslos und grenzenlos. Mein Dämon wird mich immer beschützen vor den Gefahren, die von außen kommen. Entziehe ich diesem Dämon mein Vertrauen, wird er leiden – und ich mit ihm. Verweigere ich ihm meine Aufmerksamkeit, wird er sie einfordern – mit allen Mitteln, die ihm zur Verfügung stehen. Und damit wäre ich wieder dort, wo meine Reise begonnen hat: bei unverstandenen Botschaften aus dem Unterbewusstsein, unkontrollierten emotionalen Ausbrüchen ... zurück auf der Achterbahnfahrt.

Ich bin, was ich bin. Ich spiele ein Spiel mit mir selbst, ein Rollenspiel: Die [nicht] ganz alltägliche Liebesgeschichte eines Dämons und der Einen, deren Bestimmung es ist, ihn zu lieben. Beide waren nie getrennt, aber für mein Unterbewusstsein und meine äußerst agile Fantasie versteckt sich darin jenes Programm, das mich auf Kurs bleiben lässt. Ja, es ist ein modernes Märchen, eine Illusion, aber es funktioniert – für mich. Es mag unkonventionell sein, vielleicht sogar kindisch, was soll's? Für mich ist es eine Form von Magie. Sie schafft Frieden und das, was ich fast mein ganzes Leben lang gesucht habe: den Weg, mit mir selbst und der Welt im Einklang zu leben.

9. LESLEY'S WORLD: UNDYING LOVE

Ein Blick in die Zukunft gefällig? Bereit für eine 180° Grad-Wende?

Ja, ich wurde als kleines Kind in einer Situation alleine gelassen, die mich in allen Belangen völlig überforderte und der eine Kette von Ereignissen folgte, in der sich einige wiederfanden, die durch nichts und niemanden zu rechtfertigen sind. Übergriffe, die niemals hätten stattfinden dürfen.

Verzeihen? Ich bin weder Anklägerin noch Richterin. Es gab eine Zeit, in der ging es mir um Wiedergutmachung, um die Zuweisung von Schuld und Sühne. Das ist lange vorbei. Heute verstehe und akzeptiere ich, was geschehen ist, ohne es gutzuheißen.

Wut? Was würde sie ändern? Meine Wut ist längst verraucht, und mit ihr auch der Schmerz.

Pragmatismus? Oh ja, eine große Portion davon, aber mehr als das: eine tiefe Ruhe in mir, wenn ich auf mein Leben zurückblicke. Es gab nicht nur schlechtes, sonst wäre ich heute nicht mehr hier. Es gab auch viel gutes, das sich vielleicht weniger präsent im Gedächtnis einprägte, doch es war da und seine Auswirkungen sind bis heute für mich spürbar.

Am Anfang von allem stand: Liebe. Es ist immer Liebe, sonst würde ein Kind nach wenigen Tagen sterben, davon bin ich überzeugt. Diese Liebe lebt in jedem von uns, mit jedem Atemzug, jedem Herzschlag – und alles, was es braucht, ist diese Liebe zu fühlen, unsere Aufmerksamkeit darauf zu lenken, denn sie ist immer in uns, sie ist unsterblich, sie ist der feurige Funke, aus dem wir einst entsprungen sind und der uns am Leben hält, die Essenz unseres Selbst und das mächtigste Gefühl, zu dem wir fähig sind: bedingungslos zu lieben.

Wieviel Licht braucht es, um die völlige Dunkelheit in einem abgeschlossenen Raum zu durchbrechen? Die kleine Flamme eines Streichholzes genügt, und die Dunkelheit weicht zurück. Eine Idee, ein Gedanke, ein Gefühl …

Wieviel Liebe braucht es, um einem Menschen Halt zu geben? Ein Wort? Eine Berührung? Eine Umarmung?

Liebe verlangt nicht, sie gibt.

Liebe wertet nicht, sie umarmt.

Liebe erdrückt nicht, sie hält.

Liebe trennt nicht, sie verbindet.

Liebe leidet nicht, sie heilt.

Liebe ist nicht die einzige Möglichkeit,
aber die Beste.

[… und wenn Sie meine Welt mit allen Sinnen erleben wollen, dann lesen Sie bitte dieses Kapitel noch mal von vorne und hören sich dazu den Song „Undying Love“ von Two Steps from Hell an. Fühlen Sie mit mir, wie Worte und eine Melodie eine Welt zu verändern vermögen, wie das Licht des Phönix, den ich schon vor Jahren zu meinem Symbol erwählte, stieg ich doch stets aus den Flammen der Veränderung wieder empor.]

Kind des Windes

Es ist kein Tier und kein Ding,
dessen Berührung ich spüre,
nur der Wind.

Nicht die Wärme eines Menschen,
nicht die Kühle der Nacht,
nur der Wind.

Kein Jemand, kein Etwas oder irgendwas,
nur ein alter Freund,
nur der Wind.

Ein Begleiter einsamer Wege,
ein Vertrauter stiller Stunden,
ein Verbündeter geheimer Gedanken.

Ein Freund, den ich gefunden,
niemals an mich gebunden,
und auch niemals verloren.

Seine Berührung hüllt mich ein wie eine Umarmung,
schenkt Vertrauen und Zuversicht,
Geborgenheit in einsamen Stunden.

Und wenn ich dereinst gehe, soll er mich führen,
meine Seele mit seinem Atem berühren,
auf ewig verbunden.

Und ich werde der Wind sein,
der euch alle berührt.

(1996)

10. EIN WORT ZUM SCHLUSS …

Womit wollen wir enden? Dieses Buch zu schreiben war eine Herausforderung und eine Erleichterung. Es brachte mich an meine Grenzen und hat sie gleichzeitig erweitert. Es zeigte mir, welchen Weg ich bereits zurückgelegt hatte und was noch alles vor mir liegen könnte. Manchmal war da bedauern ob der Zeit, die es gebraucht hat, um bis hierher zu kommen, und gleichzeitig Freude, dass ich nun endlich da war.

Es war mein Bestreben, Ihnen eine Geschichte zu erzählen, für die es manchmal nur schwer Worte zu finden gab. Weder sollte der Eindruck entstehen, es wäre mir nur Böses im Leben widerfahren, noch wollte ich beschönigen, dass es ein langer und steiniger Weg bis hierher war. Wie über Schmerz schreiben, ohne im (Selbst-)Mitleid zu versinken? Wie über die Rückkehr ins Licht, in die Lebendigkeit und Lebensfreude, ohne provokant all jenen Gegenüber zu wirken, die es trotz aller Anstrengungen noch nicht geschafft haben? Die möglicherweise darüber verzweifeln, weil es in meinen Schilderungen scheinbar so „einfach" klingt. Wie genau jene bestärken … im Glauben und vertrauen auf sich selbst?

Vielleicht ist es mir gelungen, vielleicht auch nicht. Das werden Sie entscheiden, liebe Leserin, lieber Leser, ob und was sie von meiner Geschichte mitnehmen, wie diese Ihre Wirklichkeit beeinflussen und was letztendlich daraus entstehen wird.

Alles im Leben hat zwei Seiten, kann von unterschiedlichen Standpunkten aus betrachtet werden. Das Glas halb leer? Oder halb voll? Oder beides? Wir leben in einem dualen Universum. Es gibt immer Licht UND Schatten, und das ist gut so, denn ohne Schatten würden wir das Licht nicht erkennen, und ohne Licht wären wir blind in der Dunkelheit. Erst beides zusammen lässt uns sehen, verstehen, die kleinen und die großen Zusammenhänge.

Über die Dunkelheit zu schreiben weckte alte Schatten in mir auf, Ängste, Unsicherheiten, doch sie blieben nie lange, waren eher auf der Durchreise. Was blieb und hoffentlich noch lange bleiben wird, ist die Freude am Schreiben, am Spiel mit den Worten, am Erzählen von Geschichten und das zu berühren, was für unsere Hände unerreichbar ist – das (mit-)fühlende Herz eines Menschen. Ich hoffe, dies ist mir auf der einen oder anderen Seite dieses Buches gelungen, ebenso, wie Ihrem Bild von dieser Welt eine neue Facette hinzuzufügen. Eine Idee dessen, was es noch sein kann ...

Wir leben in einer Zeit, die den Verstand in den Vordergrund rückt und versucht, selbst Gefühle mit quantifizierbaren Parametern zu erfassen. Vielleicht gibt es so etwas wie eine unsterbliche Seele, vielleicht nur ein Synapsen-Feuerwerk in unserem Gehirn? Wie auch immer, wir werden wohl noch einige Zeit darüber rätseln, forschen, philosophieren ... eines jedoch wissen Sie bereits heute mit Sicherheit. Sie sind hier! Jetzt! In diesem Augenblick, da Sie diese Zeilen lesen. In genau diesem Augenblick entsteht Ihre Zukunft, entwickeln

Sie in Ihrem Geist (bewusst oder unbewusst) das Drehbuch für die nächsten Folgen Ihres Lebens.

Ich wünsche Ihnen von ganzem Herzen ein erfülltes, fühlendes Leben voller Lebendigkeit, Leichtigkeit und Lebensfreude. Ganz gleich, woran Sie sonst noch glauben, glauben Sie vor allem an sich selbst. Lieben Sie sich selbst – damit machen Sie es anderen leichter, Sie zu lieben. Liebe ist wie ein Magnet und vermag liebende Menschen in Ihr Leben zu ziehen – und zuweilen auch schon mal einen liebenden Dämon.

Herzlichst,

Lesley B. Strong

P.S.: Ich habe in diesem Buch einiges über mich offenbart und vielleicht gehen Sie davon aus, mich nun in- und auswendig zu kennen. Nun, sollten wir uns demnächst in einem Café oder auf der Straße begegnen, werden Sie vermutlich überrascht sein, was ich noch alles bin ☺

Das Labyrinth

Was bin ich?
Was will ich sein?
Was kann ich sein?
Wohin soll ich gehen?

Ist nicht jeder Schritt vor auch ein Schritt zurück?
Ist nicht die Reaktion auf eine Antwort
eine neue Frage?
Ist es nicht gleich, wohin wir gehen?

Wir bewegen uns in einem Labyrinth der Seele,
hinter jeder Ecke eine neue Kreuzung,
hinter jeder Prüfung ein neues Hindernis,
und kein Ende in Sicht.

Es ist gleich, welchen Weg wir wählen,
das Ziel bleibt immer das Gleiche,
und der Weg dorthin ist vielfältig
und für keinen gleich.

Den Sinn dahinter zu erkennen fällt oft schwer,
und das Verstehen übersteigt unser Denken,
und so können wir nur darauf vertrauen,
dass alles seinen Sinn hat –
auch das Labyrinth unserer Seele.

(1996)

11. WAS ICH NOCH SAGEN WOLLTE …

… oder um es mit Inspektor Columbo zu halten: Da wäre noch eine Frage, die mich beschäftigt – oder ein finales Plädoyer ☺

11.02.2019

Heute Morgen stand ich an der Bushaltestelle, als mir ein eisiger Wind entgegenpfiff. Ein trüber Montagmorgen im Februar, kein Schnee, dafür viel mehr Grau rundum. Das war im außen. Doch in mir fühlte ich etwas Feuriges … Stöpsel in die Ohren, Welt rundum ausblenden. Wenn ich tanzen will, dann tanze ich! Was die anderen sich denken? Im besten Fall beneiden sich mich, im schlimmsten interessiert es mich nicht.

Ich ließ mich in die Schwingung von „Unbreakable" von Two Steps from Hell fallen und breitete meine Arme aus – der Phönix seine Schwingen – fühlte den Wind, der sich darin fing, und der meinen Geist mit sich empor hob, bis ich hoch über allem schwebte, auf meiner Welle, ein tanzender Funke Lebensfreude, das leidenschaftliche Feuer des Lebens im hier und jetzt.

Was ich noch sagen wollte?

Zelebrieren Sie Ihr Leben!

Leben, lieben, lachen, fühlen Sie mit allen Sinnen!

Sie haben dieses eine Leben, so wie ich auch – so viel ist sicher. Alles andere ist Spekulation. Keiner von uns weiß, wie viel Zeit für uns vorgesehen ist, also nutzen Sie jeden Augenblick davon.

Nehmen Sie all das nicht als selbstverständlich. Seien Sie dankbar dafür. Genießen Sie es mit jedem Atemzug und jedem Herzschlag.

Und hier ist nun wirklich ...

... das ENDE? ... vielleicht? ... für Sie? ... Ihre Entscheidung ...

... für mich der nächste Anfang, so wie jeden Morgen, mit jedem Atemzug, jedem Herzschlag zurück ins Leben, die Lebendigkeit, Leichtigkeit ... auf den Schwingen des Phönix ... in die Umarmung des Drachen, meines geliebten Dämons.

12. DIE AUTORIN & DAS NÄCHSTE PROJEKT: RE/CONNECTED

Wie wurde ich was ich heute bin?

Als ich JAN/A zu schreiben begann, schien für mein Umfeld mein Leben in Ordnung zu sein, doch ich stand nur einen Schritt vom Abgrund entfernt, denn dieser schöne Schein hatte einen bitteren Preis: Selbstverleugnung! Niemand sollte je erfahren, dass ich in mir einen Dämon namens Borderline trug. Als ich ungefähr die Hälfte von Band 2 geschrieben hatte, war mein Leben für mein Umfeld noch immer dasselbe mit dem kleinen Unterschied, dass es für mich nun wirklich in Ordnung war und sich auch so anfühlte. Ich war bei mir selbst angekommen und brauchte keine Lüge mehr, denn mein Dämon, von dem ich bislang nur die zerstörerische Seite und grenzenloses Leid kannte, hatte mir seine andere Seite, bedingungslose Liebe und schier grenzenlose Kreativität, offenbart.

Ich fand in mir die Fähigkeit, selbst schwierigste Lebensthemen (wie ein Borderline-Syndrom) mit Selbstliebe und manchmal auch ein wenig Selbstironie zu reflektieren. In Kombination mit jahrzehntelang gesammeltem Wissen aus den Bereichen Philosophie, Psychologie, NLP, alternativen Denkformen und was mir sonst noch auf meinem Lebensweg begegnet ist, entstand daraus mein ganz persönlicher Stil, Geschichten zu erzählen: von Beginn an getragen durch intensive Gefühle und ganzheitliche Sinnlichkeit in den erfüllenden (Lebens-)Sinn führend, und von dort weiter zum

Ozean der Gelassenheit, der Anerkennung spürbar macht, in Geborgenheit und Liebe hüllt.

Romantik als Weg der Selbstfindung?

Warum nicht? Was haben wir schon zu verlieren? Und wie viel mehr könnten wir finden, wenn wir uns wieder ein klein wenig mehr in die Magie einer Geschichte fallen lassen, die unser Herz berührt wie ein sanfter Sonnenstrahl am Morgen?

Mein Programm?

Lesungen aus meinen Büchern: erleben Sie die Welt von JAN/A oder das Paralleluniversum eines Borderline.

Vorträge zu Themen, die zwar mitunter sehr ernst sind, aber gerade deshalb mit einer Portion Humor betrachtet werden sollten.

Seminare für alle jene, die einige Methoden und Tricks kennen lernen wollen, die ich auf meinem Lebensweg gesammelt habe, und die für mich Stück für Stück zu jenem symbolischen Holzstapel wurden, in den JAN/A wie ein feurige Funke fiel und den Scheiterhaufen meiner Selbstverurteilung in Brand setzte, bis sich Lesley wie der Phönix daraus erhob, neugeboren als das, was ich immer schon war.
Oder anders formuliert: bis ich endlich nicht mehr darüber nachgedacht habe, was warum nicht funktioniert, sondern mich einfach in mein Leben und in mich selbst fallen ließ.

Sind Sie bereit ...

... für einen feurigen Funken Lebensfreude?

13. LITERATURVERZEICHNIS

Jahrelang habe ich querbeet alles gelesen, was in irgendeiner Form eine Aussicht auf Veränderung versprach: Psychologie, Philosophie, Esoterik, NLP, Biographien von Krisen, ganzheitliche Heilmethoden und Transkripte weiser Menschen. Dazu Vorträge, Seminare, Ausbildungen ... beim Besten Willen kann ich heute nicht mehr verifizieren, welcher Input zu welchen Schlüssen und Veränderungen geführt hat. Deshalb liste ich hier „nur" einige Bücher auf, die einerseits im vorliegenden Werk erwähnt sind und/oder die ich für einen guten Einstieg in den Themenkreis halte. Vielleicht ist das Passende für Sie dabei?

Eselsweisheit / Mirsakarim Norbekov /
ISBN 978-3-442-21776-2

Schöpfer der Wirklichkeit / Dr. Joe Dispenza /
ISBN 978-3-86728-136-2

Schicksal als Chance / Thorwald Dethlefsen /
ISBN 3-442-11723-2

Krankheit als Weg / Thorwald Dethlefsen & Rüdiger Dahlke / ISBN 3-442-13796-9

Das verlassene Kind / Dr. med. Daniel Dufour /
ISBN 978-3-86374-047-4

Die Heilkraft innerer Krisen / Dr. med. Daniel Dufour /
ISBN 978-3-86374-103-7

Facetten der Einheit / A. H. Almaas /
ISBN 3-933496-85-3

Was die Seele krank macht und was sie heilt / Thomas Schäfer / ISBN 3-8289-1939-1

Drehbuch für Meisterschaft im Leben / Ron Smothermon M.D. / ISBN 3-926257-00-8

Bitte verändern Sie sich ... jetzt! / Richard Bandler / ISBN 978-3-87387-020-8

Das Buch vom Ego / Osho / ISBN 978-3-548-74110-9

Die Kunst, einen Drachen zu reiten / Bernhard Moestl / ISBN 978-3-426-78437-2

Anerkennen was ist / Bert Hellinger & Gabriele ten Hövel / ISBN 978-3-442-21785-4

Die Illusion des Universums / Gary Renard / ISBN-10: 3-442-33745-3

Trotzdem zum Leben Ja sagen / Victor Frankl / ISBN-10: 3328102779

Die Kunst des Krieges / Sun Tsu / ISBN-13: 978-3-937872-87-2

Werke von Franziska Neidt

Cassandra – Die Geschichte einer Aufarbeitung / ISBN 978-3-944648-69-9

Klang der Seele – Mein Leben mit Borderline / ISBN 978-3-944648-28-6

JAN/A

Eine [nicht] ganz alltägliche Liebesgeschichte

Kann eine Geschichte ein Leben verändern? Diese hat es getan. Dies ist der autobiographische Roman meiner Reise zu mir selbst. Er entführt in eine Welt tiefer Emotionen; eine Welt, die Schmerz und Leid ebenso kennt wie herzerwärmende Romantik, atemberaubende Sinnlichkeit, knisternde Erotik, verführerische Leidenschaft und verspielte Lebensfreude; eine Welt, die einer emotionalen Achterbahnfahrt gleicht; eine Welt, in der das Schicksal einen Mann dazu verdammt hat, der in die Dunkelheit gefallene Dämon zu sein, den keine Frau je lieben könnte - außer der Einen, die das Licht in sich trägt. Verbunden durch ihr Schicksal und ihre Bestimmung, kämpfen beide gegen alle Widrigkeiten an, die das Leben ihnen – oder manchmal auch sie selbst – in den Weg legt, kämpfen für ihre Bestimmung, ihre Liebe.

Aber sind es überhaupt zwei? Oder war es immer nur die Eine, die sich selbst gesucht hat?

Dies ist die Geschichte, die MEIN Leben verändert hat.

Erschienen im September 2019 bei myMorawa
ISBN: 978-3-99084-993-4(Paperback)
ISBN: 978-3-99084-994-1 (Hardcover)
ISBN: 978-3-99084-995-8 (e-Book)

RE/CONNECTED

A Borderline Story with Happy End

Dieser Blog richtet sich an Betroffene, Angehörige und alle anderen mit Interesse an der Thematik Borderline-Syndrom.

Ich teile hier meine persönlichen Gedanken, Erfahrungen und Erkenntnisse zum Thema Borderline mit dir. Ich beanspruche für mich weder einen allgemeingültigen Erfolgsschlüssel gefunden zu haben noch das dies der Weisheit letzter Schluss ist.

Und auf keinen Fall spreche ich Handlungsempfehlungen für andere aus. Manchmal werde ich sogar der Fachliteratur widersprechen. Aber ... dies ist mein Leben, meine Gefühle und Ansichten. Dies ist meine Geschichte. Ich erzähle sie genauso, wie ich sie erlebe. Manchmal nachdenklich, ein anderes Mal mit einer großen Portion Humor. Ich schreibe über Herausforderungen, ohne im Problem zu verweilen. Schließlich geht es um mein Leben, meine Geschichte - und die hat ein Happy End – ich steh drauf. Ehrlich ☺

https://reconnected.blog/
https://www.facebook.com/blog.lesley.b.strong/

Meine letzten Worte (in diesem Buch) richte ich an alle jene, die mich während der Entstehung begleitet und unterstützt haben. Ich danke von ganzem Herzen ...

... meiner langjährigen Freundin und persönlichen Stylistin Kerstin Buchmüller, die meine äußere Verwandlung in Lesley maßgeblich mitgestaltet hat.
www.facebook.com/kerstin.buchmuller

... dem unerschrockenen Fotografen Moriz Weiner, der es in einer äußerst kreativen Session geschafft hat, mich ins rechte (Spiegel-)Bild zu setzen.

... Renee Rott, der aus dem Bild ein wundervolles Buchcover designt hat und dem es gelungen ist, meine Vorstellungen aus der Fantasie in die greifbare Welt zu holen. www.cover-and-art.de

... wieder einmal dem gesamten Team von myMorawa, für ihre Unterstützung bei der Realisierung dieses Buchprojektes, allen voran meine Buchprojektmanagerin Michaela Scherzer. www.mymorawa.com

... meiner Leserin #1, Manuela, die mich seit meinen ersten Seiten begleitet und für DIS/CONNECTED den grammatikalischen Feinschliff übernommen hat.

... meinem „Ruhepol“ Micro von Maydell, der immer eine Antwort auf meine unzähligen Fragen parat hatte, um meine kreative Unruhe in jene Bahn zu lenken, die meine Vision von „Lesley“ Realität werden lassen.
www.mountain-sky.net

... und last but not least meiner lieben Kollegin und Freundin Franziska Neidt für ihr ergreifendes Vorwort und den inhaltlichen Austausch.

Schnell und einfach zur Autorinnen-Seite von Lesley B. Strong
Bibliografie, Leseproben, Buch-Shop, Termine von Lesungen und Buchpräsentationen

Find me ...

https://reconnected.blog/

https://www.facebook.com/lesley.b.strong/

https://www.facebook.com/blog.lesley.b.strong/

https://www.facebook.com/books.lesley.b.strong/

https://www.instagram.com/lesleyb.strong/

ISBN (Hardcover):

ISBN 978-3-99084-704-6

9783990847046

ISBN (Paperback):

ISBN 978-3-99084-703-9

9783990847039